fol. Lf 25 76

Châlons / Saône
1850

Marches A.S. Des

*Histoire du Parlement de Bourgogne
1733-1790*

Lf 25/70

Publication de la Société d'Histoire et d'Archéologie
de Chalon-sur-Saône.

HISTOIRE

DU

PARLEMENT DE BOURGOGNE,

DEPUIS 1733 JUSQU'A 1790,

Faisant suite aux Ouvrages de PALLIOT et de PETITOT,

AVEC UN ÉTAT COMPLET DU PARLEMENT DEPUIS SON ÉTABLISSEMENT, PAR ORDRE DE LA CRÉATION
DES CHARGES, AVEC LES NOMS ET QUALITÉS DES MAGISTRATS QUI LES ONT POSSÉDÉES,

PAR A. S. DES MARCHES,

Membre de la Société d'Histoire et d'Archéologie de Chalon-sur-Saône,

UN BEAU VOLUME PETIT IN-F°, ENRICHI D'ENVIRON 200 ARMOIRIES GRAVÉES AVEC LE PLUS GRAND SOIN.

Prix : 20 francs.

Comme il ne sera tiré qu'un nombre d'exemplaires suffisant pour répondre aux demandes des Souscripteurs, les personnes qui désirent acheter cet ouvrage, devront se faire inscrire avant le 15 Juillet 1850, au Secrétariat de la Société d'Histoire et d'Archéologie, rue des Minimes, 36, à Chalon-sur-Saône.

1850

Je soussigné

demeurant à

département de

soussigné pour compléter à l'Histoire du

Parlement de Bourgogne par M. de Mailhes, et je

fournis la somme de

au moment de la remise du dit Ouvrage.

1856.

Signature

À Monsieur le Secrétaire de la Société d'Histoire
et d'Archéologie,
Rue des Minimes, 36.

CHALON-SUR-SAONE,
(Saône-et-Loire.)

SPÉCIMEN.

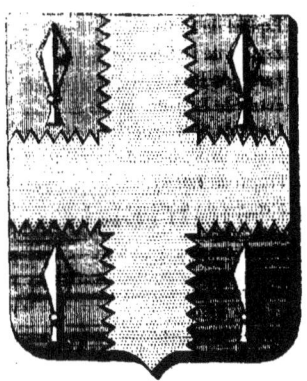

Bénigne LEGOUZ de SAINT-SEINE, Chevalier, Seigneur de Saint-Seine-sur-Vingeanne, etc., etc., né le 5 mars 1719, fils de Bénigne-Germain Legouz de Saint-Seine, Président à mortier au Parlement de Bourgogne, et de Marie Pérard de la Vaivre. Après avoir exercé pendant six ans l'office de Conseiller, et pendant trente-deux celui de Président, il fut promu à la dignité de Premier Président, et reçu dans cette charge, vacante par la mort de Charles de Brosses, son gendre, le 31 juillet 1777.

Il avait épousé, le 17 juillet 1742, Marguerite-Philiberte, fille de Philibert-Bernard Gagne de Perrigny, Président à mortier au Parlement de Bourgogne, et de Jeanne-Marie de Thésut de Ragy.

Ce magistrat, « l'esprit le plus juste et le caractère le plus modéré de sa compagnie [1], » assistait à l'Assemblée des Notables du royaume, convoquée en 1787, sous le ministère de M. de Calonne. Il a clos la liste des illustres personnages qui ont eu l'honneur de présider ce Parlement. Obligé de s'éloigner de France pendant la Révolution, il est mort à Bâle en Suisse, le 21 août 1800.

Armes : *De gueules, à la croix endentée d'or, cantonnée de quatre fers de lance d'argent.*

[1] M. Foisset, *Hist. du Président de Brosses.*

Noms des Familles qui ont fourni des Magistrats au Parlement de Bourgogne pendant la dernière période de son existence, et dont les Armoiries sont gravées dans cet Ouvrage.

André de Champcour.
Anthés de Longepierre (d').
Apchon (d').
Arnoult.
Arlay (d').
Arthaud.
Baillyat de Broindon.
Balard de La Chapelle.
Balay.
Barbuot de Palaiseau.
Bastard (de).
Bazin.
Bégin d'Orgeux.
Bellet de St-Trivier.
Bernard de Sassenay.
Beuverand de.
Bizouard de Montille.
Bonnard.
Bouhier-Bernardon.
Bouhier de Fontaine.
Bouhier de Lantenay.
Bouhier de Versailleux.
Boulard de Gatellier.
Boussard de La Chapelle.
Bouthier de Rochefort.
Brancion (de).
Brosses (de).
Bruère de Rocheprise (de).
Brunet de Barain.
Brunet de Monthelie.
Bureau de Livron.
Bureau de St-Pierre.
Butard des Montots.
Calon.
Carrelet de Loisy.
Catin de Villotte.
Champion de Nansouthy.
Charpy de Billy.
Charpy de Jugny.
Chartraire de Bourbonne.
Chesnard de Layé.
Chevignard de La Palu.
Chilleau (du).
Chiquet de Champrenard.
Clopin de Bessey.
Clugny (de).
Cochet du Magny.
Cœurderoy.
Colas.
Colmont de.
Cortois de Quincey.

Constantin de Surjoux.
Cottin de Joncy.
Déforest.
Dévoyo.
Durand de Salives.
Duval d'Essertenne.
Esmonin de Dampierre.
Espiard d'Allerey.
Espiard de La Borde.
Espiard de La Cour.
Fardel de Daix.
Févret de Fontette.
Févret de St-Mesmin.
Filzjan de Ste-Colombe.
Filzjan de Talmay.
Fleutelot de Marlien.
Foliu (de).
Fontette de Sommery (de).
France (de).
Fyot de Dracy.
Fyot de La Marche.
Fyot de Mimeure.
Gagne de Pouilly.
Gauthier.
Gauvain de Viriville.
Genreau.
Giran de Vesvres.
Godeau d'Entraigues.
Gravier de Vergenne.
Guenichot de Nogent.
Guyard de Bâlon.
Guyton de Morveau.
Jannon.
Jehannin de Chamblanc.
Joly de Bévy.
Joleau de St-Maurice.
Juillet de St-Pierre.
Lagoutte (de).
La Grange (de).
La Loge du Bassin (de).
La Loge de La Fontenelle (de).
La Marre (de).
Le Belin d'Urcy.
Le Clerc de St-Denis.
Legouz de St-Seine.
Lemulier de Bressey.
Le Tors de Thory.
Loppin de Gemeaux.
Loppin de Montmort.
Loppin de Preigney.
Lorenchet de Melonde.

Macheco de.
Macheco de Premeaux (de).
Mairelet de Thorey.
Malvin de Montazet (de).
Marbeuf (de).
Maynaud de Pancemont.
Mayon d'Aunoy.
Mercier de Mercey.
Micault de Courbeton.
Migieu (de).
Montiers de Mérinville (des).
Montherot (de).
Nadault.
Nayme de Cuiseaux.
Normant du Monceau.
Pasquier de Villars.
Passerat de La Chapelle.
Pelletier de Cléry.
Pérard.
Perreney de Baleure.
Perreney de Grosbois.
Perrin.
Poissonnier de Prusley.
Poncet de La Rivière.
Poulletier de Suzenet.
Pourcher.
Quarré de Monay.
Quarré du Plessis.
Quirot de Poligny.
Ranfer de Bretenières.
Raviot.
Regnault.
Richard d'Escrots.
Richard de Montaugé.
Richard de Ruffey.
Rigoley d'Ogny.
Rigolier.
Robin d'Aspremont.
Sennevoy (de).
Simon de Grandchamp.
Suremain de Flamerans.
Trouvé.
Varenne de Longroy.
Venot.
Verchère d'Arceau.
Verchère d'Arcelot.
Villedieu de Torcy.
Vincent de Montarcher.
Violet de La Faye.
Vogué (de).
Vouty de La Tour.

Chalon-S.-S., Imprimerie de J. Dejussieu.

HISTOIRE

DU

PARLEMENT DE BOURGOGNE

DE 1733 A 1790

Cet ouvrage, dont toutes les armoiries ont été gravées par M. Dardelet, n'a été tiré qu'à 250 exemplaires numérotés.

N° 57

Imprimé par J. Dejussieu, à Chalon-sur-Saône.

HISTOIRE
DU PARLEMENT
DE BOURGOGNE
DE 1733 A 1790

COMPLÉTANT LES OUVRAGES DE PALLIOT ET DE PETITOT, ET RENFERMANT L'ÉTAT DU PARLEMENT DEPUIS SON
ÉTABLISSEMENT, SELON L'ORDRE DE LA CRÉATION ET DE LA SUCCESSION DES CHARGES

PAR A. S. DES MARCHES

Membre de la Société d'histoire et d'archéologie de Chalon-sur-Saône.

PUBLICATION DE LA SOCIÉTÉ D'HISTOIRE ET D'ARCHÉOLOGIE DE CHALON-SUR-SAONE.

CHALON S.-S.
J. DEJUSSIEU, LIBRAIRE, RUE DU CHATELET
1851

PRÉFACE.

> Nisi Dominus ædificaverit domum,
> in vanum laboraverunt qui ædificant eam.
> Ps. 126.

Les ducs de Bourgogne de la première branche avaient établi, sous le nom de *Jours-Généraux* ou *Grands-Jours*, un Parlement ambulatoire dont le plus ancien arrêt connu remonte à l'an 1310. Le roi Jean, ayant pris possession du duché de Bourgogne après la mort de Philippe de Rouvre, dernier duc de la première branche, accorda à ce Parlement, par lettres-patentes du 28 décembre 1361, le privilége de juger souverainement en toutes matières, à l'exception des cas royaux, et décida qu'il tiendrait ses séances à Beaune pour les affaires du Duché, à Saint-Laurent-lès-Chalon pour le comté d'Auxonne et les terres d'outre-Saône, et à Dôle pour le comté de Bourgogne.

Après la mort de Charles-le-Téméraire, Louis XI, ayant réuni à la couronne le duché de Bourgogne, y établit, sur la demande des États de la Province, et par lettres-patentes données à Arras le 18 mars 1476, *une Cour et jurisdiction souveraine, pour y estre tenue doresnavant et à toujours, dite, censée et intitulée Parlement et Cour souveraine, ayant tout droit de ressort et de souveraineté*

PRÉFACE.

au lieu desdits Grands-Jours. Il était en outre ordonné par les mêmes lettres-patentes *que les parlements de Dôle et de Saint-Laurent seroient doresnavant entretenus souverains, selon que par cy-devant ils avoient esté de toute ancienneté.*

Les troubles survenus à la suite de la révolte du prince d'Orange et du soulèvement de quelques villes, telles que Beaune, Dôle et Verdun, empêchèrent l'établissement de cette Cour; ce ne fut que le 21 août 1480 que Louis d'Amboise, évêque d'Albi, en vertu du pouvoir qui lui était conféré par les lettres-patentes du 9 du même mois, érigea le Parlement, et décida qu'il tiendrait ses séances à Dijon le lendemain de la Saint-Martin d'hiver, et à Salins le lundi après *Quasimodò*.

En 1489, le roi Charles VIII ordonna que les séances du Parlement seraient transportées de Salins à Dôle ; mais, ayant rendu en 1493 le comté de Bourgogne à l'archiduc Maximilien, il donna à Grenoble, le 24 août 1494, de nouvelles lettres-patentes d'après lesquelles le Parlement devint tout-à-fait sédentaire à Dijon.

Cette Cour, au moment de son établissement par Louis d'Amboise, n'était composée que d'un président, de deux chevaliers, de douze conseillers, de deux avocats-généraux, d'un procureur-général et de deux greffiers. Elle fut successivement augmentée par différents édits des rois de France, et lorsqu'en 1771 elle fut supprimée par Louis XV, elle était composée de 75 membres, un premier président, dix présidents à mortier, deux chevaliers d'honneur, six conseillers clercs et cinquante-six conseillers laïques. Il y avait en outre deux avocats-généraux, un procureur-général avec huit substituts [1], cinq greffiers-commis [2], un greffier en chef des affirmations de voyages, un commissaire aux saisies réelles, un receveur des consignations, un commis-greffier à la garde des sacs et affirmations, quatre commis au contrôle et clercs au greffe de la Cour, et dix-neuf huissiers.

Il n'entre pas dans notre plan de faire ici l'Histoire détaillée du Parlement de Bourgogne. On peut consulter sur ce point Courtépée (2ᵉ édition, tom. 1, pag. 345 et suiv.) et Palliot, qui le premier, en 1649, a donné la nomenclature de tous les membres du parlement de Dijon, en faisant précéder son ouvrage d'un précis historique sur la fondation de cette Cour. Petitot, en 1733, a donné une continuation de Palliot; l'un et l'autre ont rapporté les édits qui ont modifié l'existence du Parlement. Le but que nous nous proposons, en publiant la dernière partie de l'Histoire du Parlement de Bourgogne, est simplement de compléter les travaux de nos devanciers. Mais comme leurs ouvrages, devenus fort rares, ne sont pas à la portée de tous ceux qui voudraient les consulter, nous avons cru devoir donner à la fin de ce volume un état complet du Parlement depuis son établissement, en suivant l'ordre de la création des charges, avec les noms des magistrats qui les ont possédées : de cette manière, l'histoire de chaque charge sera établie comme celle de chacun des fauteuils de l'Académie.

[1] PALLIOT et PETITOT, son continuateur, ont omis de donner les noms des substituts du procureur-général. Nous en avons usé de même pour ne pas faire de bigarrure.

[2] La charge de greffier en chef, qui avait été créée par Louis XI, le 24 août 1477, fut supprimée au mois de décembre 1690. On ne sera donc pas surpris de ne pas trouver ici un chapitre consacré à la nomenclature des greffiers en chef.

Au moment de mettre notre ouvrage sous presse, nous avons eu connaissance par M. Foisset, aujourd'hui conseiller à la cour d'appel de Dijon, d'un travail semblable entrepris par feu M. Girault, membre de l'académie de Dijon, et resté inachevé; M. Girault fils, avocat à Beaune, a mis une grâce parfaite à nous communiquer ce travail consciencieux, et nous y avons puisé d'assez nombreux renseignements qui nous manquaient encore. Qu'il nous soit permis d'en exprimer ici notre reconnaissance à M. Girault, ainsi qu'à M. Foisset qui, non content de nous fournir les plus précieux documents, a bien voulu encore apporter à notre ouvrage le tribut personnel de son érudition.

15 février 1850.

ÉTAT
DU PARLEMENT DE BOURGOGNE
EN 1789.

GRAND'CHAMBRE.

M. Legouz de Saint-Seine, *premier président*.

PRÉSIDENTS A MORTIER.

M. Joly de Bévy.
M. Verchère d'Arcelot.
M. Pérard.

L'office de M. Legouz de Saint-Seine était vacant par sa promotion à la dignité de premier président.

CONSEILLER-NÉ D'HONNEUR.

M. des Montiers de Mérinville, *évêque de Dijon*.

CONSEILLERS D'HONNEUR ECCLÉSIASTIQUES.

M. Cortois de Quincey, *évêque de Belley*.
M. de Marbeuf, *ancien évêque d'Autun, archevêque de Lyon*.
M. du Chilleau, *évêque de Chalon-sur-Saône*.

PREMIER CONSEILLER-NÉ.

Dom François Trouvé, *abbé de Cîteaux*.

CHEVALIERS D'HONNEUR.

M. de Sennevoy.   M. de Fontette de Sommery.

CONSEILLER D'HONNEUR LAÏQUE.

M. Filzjan de Talmay.

CONSEILLERS TITULAIRES.

M. Villedieu de Torcy, *doyen*.
M. Verchère.
M. Mairetet de Thorey.
M. Girau de Vesvres.
M. Cottin de Joncy.
M. Quirot de Poligny.
M. Carrelet de Loisy.
M. Bizouard de Montille.
M. Guyard de Bâlon.

M. Godeau d'Entraigues.
M. Carrelet de Loisy *fils*.
M. Bellet de Tavernost de Saint-Trivier.
M. Le Belin.
M. Loppin de Preigney.
M. de Bruère de Rocheprise.
M. Micault de Courbeton *fils*.
M. Ranfer de Monceau de Bretenières.
M. Chevignard de La Palu.

CONSEILLERS HONORAIRES.

M. Surenain de Flamerans.
M. Begin d'Orgeux.

M. Gravier de Vergennes, *maître des requêtes*.

TOURNELLE.

PRÉSIDENTS.

M. d'Anthès de Longepierre.
M. Richard de Ruffey.

M. Mayneaud de Bizefranc de Pancemont.
M. Micault de Courbeton.

CONSEILLERS TITULAIRES.

M. Barbuot de Palaiseau.
M. de Beuverand.
M. Dévoyo.
M. Genreau.
M. Raviot.
M. Baillyat de Broindon.
M. Boussard de La Chapelle.
M. Charpy de Jugny.
M. Deforest.

M. Constantin de Surjoux.
M. Juillet de Saint-Pierre.
M. Legouz de Saint-Seine *fils*.
M. Vincent de Montarcher.
M. Fyot de Mimeure.
M. de Colmont.
M. Poulletier de Suzenet.
M. Cattin de Richemont de Villotte.
M. Brunet de Monthelie.

CONSEILLERS HONORAIRES.

M. Maublanc de Martenet.
M. Jehannin de Chamblanc.
M. Pérard, *procureur-général*.

ENQUÊTES.
PRÉSIDENTS.

M. Jannon. *Le second office n'était pas occupé.*

CONSEILLERS TITULAIRES.

M. Gauthier.
M. Guenichot de Nogent.
M. Lorenchet de Melonde.
M. Cochet du Magny.
M. de La Loge *puîné*.
M. de Lagoutte.
M. Verchère d'Arceau.
M. Mairetet de Malmont.
M. Quarré de Monay.

M. Boulard de Gatellier.
M. Bouthier de Rochefort, *garde des sceaux en la chancellerie près le Parlement*.
M. de Bastard.
M. Vouty de La Tour.
M. Pelletier de Cléry.
M. Villedieu de Torcy *fils*.
M. Guenichot de Nogent *fils*.
M. Joly de Bévy *fils*.

CONSEILLERS HONORAIRES.

M. Perreney de Grosbois, *premier président du parlement de Besançon*.
M. d'Arlay.

M. Varenne de Longvoy, *conseiller garde des sceaux*.
M. de La Loge *aîné*.
M. Lemulier de Bressey.

REQUÊTES DU PALAIS.
PRÉSIDENT.

M. Fardel de Daix.

CONSEILLERS TITULAIRES.

M. Barbuot de Palaiseau.
M. Juillet de Saint-Pierre.
M. Chiquet de Champ-Renard.
M. Nadault.

M. Joleau de Saint-Maurice.
M. Balard de La Chapelle.
M. Venot.
M. André de Champcour.

GENS DU ROI.

M. Colas, *avocat-général*.
M. Pérard, *procureur-général*.
M. Poissonnier de Prusley, *avocat-général*.

GENS DU ROI HONORAIRES.

M. Loppin de Gemeaux, *avocat-général*.
M. Guyton de Morveau, *avocat-général*.

FIN DE L'HISTOIRE
DU PARLEMENT
DE BOURGOGNE,

DEPUIS 1733 JUSQU'A 1790, EPOQUE DE LA SUPPRESSION DE CETTE COUR.

CHAPITRE PREMIER.

PREMIERS PRÉSIDENTS.

Claude-Philibert FYOT de LA MARCHE, chevalier, marquis de La Marche, comte de Bosjan, baron de Montpont, né, le 12 août 1694, de Philippe Fyot de La Marche, président à mortier, et de Magdeleine de Mucie, après avoir été reçu conseiller garde des sceaux le 1er février 1718, et président le 21 novembre de la même année, a été pourvu, par lettres du 16 janvier 1745, de la charge de premier président, vacante par la démission de Jean Berbisey. Il prêta serment entre les mains du Roi, le 21 janvier 1745, et fut reçu le 15 juin suivant.

« Le président de Brosses présidait ce jour-là. Il vanta le nom du nouveau chef du Parlement, *célèbre dans cette compagnie depuis plusieurs siècles, ses étroites* liaisons avec beaucoup de gens fort considérables dans l'État, ses grandes richesses et la noblesse avec laquelle il en faisait usage. Le président de La Marche s'honorait de cultiver les lettres ; mais il aimait aussi, il encourageait puissamment les arts. Ce fut lui qui appela à Dijon le peintre Devosge, le statuaire Attiret, le graveur Monnier, et qui eut les premières inspirations de l'architecte Poyet, l'auteur du fronton du palais de l'Assemblée nationale. C'était lui encore qui avait créé Montmusard, *lieu de féerie, trop tôt détruit*, mais dont le souvenir subsiste, comme de la plus belle chose et de la plus complète dont il ait été donné à un citoyen de décorer sa ville natale [1]. »

Le président de La Marche était le condisciple de Voltaire. Les lettres du poète au magistrat ont été publiées, en 1836, par M. Foisset, qui, dans une courte notice, relate divers ouvrages inédits laissés par M. de La Marche, et notamment une *Réfutation du Déisme de J.-J. Rousseau*.

Claude-Philibert avait épousé Marguerite, fille de Lazare BAILLET, président à mortier, et de Marthe de La Michodière, dont il eut, entre autres enfants, Jean-Philippe qui suit. Il est mort le 3 juin 1768 et a été inhumé en l'église Saint-Michel de Dijon, dans le caveau de ses ancêtres.

ARMES : *écartelé aux 1 et 4 d'azur, au chevron d'or accompagné de trois losanges de même*, qui est de Fyot ; *aux 2 et 3 de sable, à trois bandes d'or*, qui est de La Marche.

JEAN-PHILIPPE FYOT DE LA MARCHE, chevalier, marquis de La Marche, comte de Bosjan, baron de Montpont, seigneur de Mongey, né, le 2 août 1723, de Claude-Philibert Fyot de La Marche, premier président, et de Marguerite Baillet, après avoir été reçu conseiller le 30 avril 1743, et président le 25 juin 1745, a été pourvu en survivance de la charge de premier président exercée par son père. Il fut reçu le 19 janvier 1757. Il exerça cette charge jusqu'au mois d'avril 1772, époque à la-

---

[1] M. FOISSET. *Le Président de Brosses. Histoire des lettres et des parlements au XVIIIe siècle.* Paris, chez Olivier-Fulgence, 1842. Un vol. in-8° de 600 pages. La première édition de cet ouvrage remarquable est depuis plusieurs années entièrement épuisée, et comme rien n'annonce que l'auteur en prépare une seconde, ce volume est devenu en peu de temps fort recherché des bibliophiles.

quelle il donna sa démission, et mourut à Dijon le 11 octobre de cette même année, sans postérité.

Voici le portrait que fait de ce magistrat M. Foisset :

« Caractère de plus de saillies que de suite, ayant le tort assez grave de transporter le salon à l'audience et de faire asseoir l'épigramme sur les fleurs de lis, mais singulièrement vif à saisir le nœud des affaires, comme à le trancher avec l'impartialité la moins suspecte. C'était du reste, comme dit M. de Brosses, *un homme d'un esprit infini et très-orné, joint à un goût délicat et tout-à-fait exquis, d'une grande justesse de pensées relevée par une pureté d'élocution, une force et une propriété dans les termes, une grâce particulière dans son éloquence, dans son débit et jusque dans le son de sa voix.* » (Le Président de Brosses).

On a du dernier premier président de La Marche un petit roman écrit avec goût et facilité dans le genre de l'abbé Prévost : *Mémoires de M. de Berval.* (Amsterdam, 1752, très-petit in-8°).

Il avait épousé, 1° au mois de janvier 1749, Catherine, fille de Maurice DE BERBIS, seigneur de Cromey, et de Jeanne Colombet de Gissey ; 2° le 1er septembre 1767, N....., fille de Jean-Claude PERRENEY DE GROSBOIS, premier président du parlement de Besançon, et d'Anne-Philippe Fyot de Mimeure.

La famille FYOT DE LA MARCHE s'est éteinte en la personne de Barthélemi-Philippe-Félix FYOT, marquis DE LA MARCHE, ancien officier supérieur au régiment des gardes franches, chevalier de Saint-Louis, neveu à la mode de Bretagne du dernier premier président de ce nom, et qui mourut à Paris le 24 mars 1842. La branche FYOT DE MIMEURE subsiste.

ARMES : *écartelé aux 1 et 4 d'azur, au chevron d'or accompagné de trois losanges de même*, qui est de Fyot ; *aux 2 et 3 de sable, à trois bandes d'or*, qui est de La Marche.

CHARLES DE BROSSES, chevalier, comte de Tourney, baron de Montfalcon, né, le 7 février 1709, de Charles de Brosses, conseiller au Parlement, et de Pierrette Févret de Saint-Mesmin, après avoir exercé pendant onze ans l'office de conseiller, et pendant trente-quatre ans celui de président, fut promu à la dignité de premier président, et reçu dans cette charge le 22 juin 1775.

Le président de Brosses, *qui fut comme la tête dominante et le représentant naturel et vrai de son siècle*, a reçu une nouvelle illustration de nos jours par la publication de sa biographie qu'a fait paraître M. Foisset, en 1842 [1]. Voici le portrait que trace de M. de Brosses le savant et consciencieux écrivain : « Le jeune de Brosses était devancé au Parlement par une réputation déjà brillante comme littérateur et comme jurisconsulte. L'amitié du père Oudin, celle du grave jurisconsulte Davot lui étaient acquises : le grand président Bouhier y joignait la sienne. On ne tarda pas à reconnaître que le nouveau conseiller apportait au Parlement une soudaineté de pénétration et une facilité de travail infinies, un génie vif, actif, supérieur, abondant en idées neuves et rapides ; homme d'étude et homme d'action tout ensemble, et non moins heureusement doué pour la métaphysique que pour les affaires. Montesquieu se vantait de n'avoir pu apprendre la procédure ; de Brosses, au contraire, disposant à son gré de sa prompte et souple intelligence, savait dévorer, simplifier, dominer les généralités les plus ardues, et les plus minutieux, les plus fastidieux détails : on s'étonnera peut-être que l'ami de Buffon fût cité comme le plus habile commissaire à terrier de la province. » (*Le Président de Brosses*, p. 22).

Ajoutons à ce portrait tracé d'une main habile que M. de Brosses fut reçu, en 1746, membre de l'académie des Inscriptions et belles-lettres, et qu'il eût été de même admis à l'Académie française, si une querelle futile, survenue entre lui et Voltaire, et dont M. Foisset rend compte d'une manière fort piquante, ne lui en eût fermé les portes.

Le président de Brosses fut marié deux fois : 1° à Paris, à Françoise CASTEL DE SAINT-PIERRE, (petite nièce de l'auteur de la Polysynodie et du maréchal de Villars); fille de Louis Castel de Saint-Pierre, marquis de Crèvecœur, premier écuyer de S. A. R. la duchesse d'Orléans, veuve du Régent, et de Marie-Catherine-Charlotte de Fargès, depuis remariée au comte de Lutzelbourg, lieutenant-général des armées du Roi. Madame de Brosses étant morte à Dijon le 25 décembre 1761, le Président se remaria,

2° A Dijon, dans la chapelle de l'hôtel de Saint-Seine, le 2 septembre 1766, à Jeanne-Marie, fille de Bénigne LEGOUZ DE SAINT-SEINE, alors président à mortier, depuis premier président du Parlement de Bourgogne, et de Marguerite-Philiberte Gagne de Perrigny. Elle mourut à Montfalcon le 1er novembre 1778. Le comte de Brosses, préfet du Rhône sous la Restauration, était né de ce second mariage.

Les principaux ouvrages du président de Brosses sont :

Histoire des Navigations aux Terres Australes, 1756. 2 vol. in-4°.

Du Culte des Dieux Fétiches, 1760, 1 vol. in-12.

Traité de la formation méchanique des Langues et des Principes physiques de l'Étymologie, 1765, 2 vol. in-12.

Cet ouvrage, après avoir été traduit en allemand en 1777, a été réimprimé à Paris, en 1801.

---

[1] Voir la note au bas de la page 2.

Vie de Salluste, et *Histoire de la République Romaine dans le cours du VIIe siècle*, 1777, 3 vol. in-4°.

Lettres historiques et critiques sur l'Italie, publiées une première fois en l'an VII, et une seconde fois en 1836. 2 vol. in-8°.

Le président de Brosses est mort à Paris, le 7 mai 1777, dans l'Hôtel des Monnaies qu'habitait alors la famille de Fargès. Voici son épitaphe qui fut composée par Lebeau, l'auteur de l'*Histoire du Bas-Empire*, secrétaire de l'académie des Inscriptions :

D. O. M.

HIC JACET

CAROLUS DE BROSSES,

COMES TORNACI, BARO MONTISFALCONIS,

REGI A CONSILIIS,

BURGUNDICI SENATUS PRINCEPS,

REGIÆ INSCRIPTION. ET HUMAN. LITT. ACADEMIÆ

SOCIUS HONOR.

SINCERUS AVITÆ RELIGIONIS CULTOR ;

COMIS MORIBUS, CONVICTU FACILIS ;

LEGUM PERITIA ET ÆQUI STUDIO MIRE COMMENDABILIS ;

INGENIO PRÆDITUS OMNIUM LITTERARUM

AVIDO ET CAPACI ;

PRÆTER INJURIAS, NIHIL OBLIVISCI SOLITUS.

AMICIS, LITTERATIS, BONIS OMNIBUS FLEBILIS,

OBIIT LUTETIÆ PARISIORUM,

DIE MAII VII, ANN. M DCC LXXVII,

ÆTATIS SUÆ LXVIII.

VIRO

DE PATRIA, DE LITTERIS BENE MERITO,

ÆTERNAM MEMORIAM DEPRECARE.

Cette épitaphe, inscrite en lettres dorées sur une haute table de marbre noir surmontée des armoiries de M. de Brosses et des attributs de ses dignités, était fixée au deuxième pilier gauche de l'église de Saint-André-des-Arts. Cette église a été rasée en des jours néfastes, et tout ce qu'elle contenait a été dispersé.

La famille du premier président de Brosses subsiste avec honneur en Bourgogne.

ARMES : *d'azur, à trois trèfles d'or.*

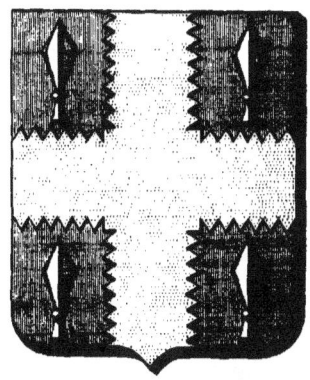

Bénigne LEGOUZ DE SAINT-SEINE, chevalier, marquis de Bantange (Bresse chalonnaise), comte de Louhans, seigneur de Saint-Seine-sur-Vingeanne, La Tour d'Is-sur-Tille, Jancigny, etc., etc., né, le 5 mars 1719, de Bénigne-Germain Legouz de Saint-Seine, président à mortier au Parlement de Bourgogne, et de Marie Pérard de la Vaivre. Après avoir exercé pendant six ans l'office de conseiller, et pendant trente-deux celui de président, il fut promu à la dignité de premier président, et reçu dans cette charge, vacante par la mort de Charles de Brosses, son gendre, le 31 juillet 1777.

Il avait épousé, le 17 juillet 1742, Marguerite-Philiberte, fille de Philibert-Bernard Gagne de Perrigny, président à mortier au Parlement de Bourgogne, et de Jeanne-Marie de Thésut de Ragy.

Ce magistrat, « l'esprit le plus juste et le caractère le plus modéré de sa compagnie[1], » fit construire presque entièrement à ses frais toute l'aile droite de l'hospice Sainte-Anne, qui forme aujourd'hui le lycée, et assista à l'assemblée des Notables du Royaume, convoquée en 1787, sous le ministère de M. de Calonne. Il a clos la liste des illustres personnages qui ont eu l'honneur de présider ce Parlement. Obligé de s'éloigner de France pendant les troubles de la Révolution, il est mort à Bâle, en Suisse, le 21 août 1800.

Le premier président de Saint-Seine était fils de Bénigne-Germain (Petitot, pag. 182), petit-fils de Pierre (Petitot, pag. 95), et arrière-petit-fils de Bénigne, conseiller en 1634 (Palliot, pag. 306). Bénigne était lui-même neveu de Guillaume Legouz, seigneur de Vellepesle et de Gurgy, avocat-général en 1586. Nous croyons inutile de rappeler ici que cette famille subsiste avec honneur à Dijon.

Armes : *de gueules, à la croix endentée d'or, cantonnée de quatre fers de lance d'argent.*

---

[1] M. Foisset, *Hist. du Président de Brosses.*

CHAPITRE II.

PRÉSIDENTS A MORTIER.

Jean-François-Gabriel-Bénigne CHARTRAIRE de BOURBONNE, chevalier, marquis de Bourbonne, baron de Loisy, dans la Bresse chalonnaise, né, le 8 avril 1713, de François Chartraire, comte de Bierre, conseiller au Parlement, et de Bénigne de La Michodière. Après avoir été reçu conseiller le 24 mai 1734, il fut pourvu, par lettres du 4 août 1735, de l'office de président vacant par la mort d'Abraham-François de Migieu, et fut reçu le 9 du même mois, à condition de n'exercer qu'à l'âge de vingt-sept ans.

Il est mort à Dijon, le 24 novembre 1760, et n'a laissé qu'un fils de son mariage avec Jeanne-Guillelmine, fille aînée du célèbre président Bouhier de Savigny, et de Claudine Bouhier de Lantenay. (Voir ci-après, page 12.)

Armes : *de gueules, à la tour d'or.*

Charles de BROSSES, chevalier, comte de Tourney, baron de Montfalcon, né le 7 février 1709, fut reçu conseiller le 13 février 1730, et pourvu, par lettres du 30 juin 1741, de l'office de président vacant par la mort de Jean Bouhier de Chevigny, avec dispense d'âge, il fut reçu le 8 juillet de la même année.

Voyez plus haut l'article qui le concerne, au chapitre des premiers présidents.

Bénigne LEGOUZ de SAINT-SEINE, chevalier, marquis de Bantange, comte de Louhans, seigneur de Saint-Seine-sur-Vingeanne, La Tour, etc., né le 5 mars 1719, a été reçu conseiller le 24 janvier 1739. Pourvu, par lettres du 25 février 1745, de l'office de président vacant par la mort de Bénigne-Germain Legouz de Saint-Seine, son père, avec dispenses d'âge et de parenté, à cause de Philibert-Bernard Gagne de

Perrigny, son beau-père, et de Jean Legouz, conseiller clerc, son frère, à condition de n'exercer qu'à l'âge de trente ans, il a été reçu le 11 mars de la même année.

Voyez plus haut l'article qui le concerne, au chapitre des premiers présidents.

Jean-Philippe FYOT de LA MARCHE, chevalier, marquis de La Marche, comte de Bosjan, né le 2 août 1723, a été reçu conseiller le 30 avril 1743. Pourvu, par lettres du 25 février 1745, de l'office de président vacant par la promotion de Claude-Philibert Fyot de La Marche, son père, à la dignité de premier président, avec dispenses d'âge et de parenté à cause de son père, il a été reçu le 25 juin suivant, à condition de n'exercer qu'à l'âge de vingt-cinq ans, et de ne présider en chef qu'à trente ans.

Voyez plus haut l'article qui le concerne, au chapitre des premiers présidents.

François-Marie BERNARD de SASSENAY, chevalier, vicomte de Chalon-sur-Saône, seigneur de Sassenay, né, le 5 mars 1721, de Jean Bernard du Tartre, vicomte de Chalon-sur-Saône, seigneur de Sassenay, Virey, Le Tartre, Saint-Aubin et Gamay, et de Judith Joly de Bévy, a été reçu conseiller le 12 août 1740. Pourvu, par lettres du 10 mars 1751, d'un office de président, sur la démission de Louis-Alexandre-Catherin du Port de Montplaisant, avec dispenses d'âge et de parenté à cause de Jean-François Joly de Chintré, son oncle maternel, il a été reçu le 18 du même mois.

Il épousa, le 15 août 1752, Henriette-Flore, fille de Paul-Esprit Feydeau de Brou, doyen des conseillers d'État au conseil du Roi, et de N... Lejay.

Il est mort le 19 août 1783, et a été inhumé dans l'église Saint-Michel de Dijon. Sa famille n'est point éteinte.

Armes : *d'azur, à une fasce d'or, chargée d'une molette d'éperon d'azur, accompagnée en chef de deux coutelas d'argent garnis d'or et passés en sautoir, et en pointe d'un étendard d'argent posé en bande, la hampe et le fer d'or.*

Supports : *deux sangliers de sable.*

Devise : *Et bello et pace.*

Pierre-Anne CHESNARD de LAYÉ, chevalier, baron de Vinzelles, seigneur de Layé, Loché, Veyère et La Tour-de-Romanesche, dans le Mâconnais, né, le 14 février 1719, d'Abel-Michel Chesnard de Loché, lieutenant-général au bailliage de Mâcon, et d'Anne Tondutti de La Balmondière. Après avoir été reçu conseiller, le 2 mai 1747, il fut pourvu de l'office de président vacant par la mort de Jean-Baptiste de La Mare, par lettres du 18 mai 1751, avec dispenses d'âge et de parenté à cause de Bénigne Bouhier de Lantenay, son beau-frère, et fut reçu dans cette charge le 15 juin suivant.

Il avait épousé, le 15 juin 1746, Élisabeth, fille de François-Bernard Normant, conseiller au Parlement, et d'Antoinette Voivelle. Le 27 avril 1772, il fut nommé premier président du parlement Maupeou, et à l'époque de la réorganisation des parlements, le Roi lui accorda un brevet de conseiller d'État.

Il continua depuis, toutefois, de figurer sur les listes du Parlement, à son rang d'ancienneté, comme président à mortier, jusqu'en 1782, année dans laquelle il résigna sa charge en faveur de M. Mayneaud de Pancemont.

La maison Chesnard de Layé est éteinte.

Armes : *d'argent, au chêne de sinople ardent de gueules; au chef d'azur, chargé de trois coquilles d'or.*

Germain-Anne LOPPIN de MONTMORT, chevalier, comte de Montmort, marquis de La Boulaye, seigneur de Givry et Blanot, né, le 3 août 1708, de Claude Loppin de Gemeaux, conseiller au Parlement, et de Jeanne-Germaine Chartraire de Givry, a été reçu conseiller le 26 novembre 1731. Pourvu de l'office de président vacant par la mort de Nicolas-Claude Perreney de Grosbois, par lettres du 21 février 1752, avec dispense de parenté à cause de Charles-Catherine Loppin de Gemeaux, avocat-général, son frère, et de Pierre-Bernard-Philibert Espiard de La Cour, conseiller, son beau-frère, il a été reçu le 7 mars 1752.

Il avait épousé, le 7 juin 1751, Claudine, fille de Claude Espiard de La Cour, conseiller au Parlement, et de Marie-Catherine Tapin de Perrigny. M. Loppin de Montmort accompagnait Charles de Brosses, son cousin, dans son voyage en Italie. Il passait pour un savant mathématicien, et il fut l'un des premiers membres de l'académie de Dijon. Il est mort dans cette ville le 14 avril 1767, et a été inhumé dans la cathédrale. Sa postérité subsiste dans l'Autunois.

Armes : *d'azur, à la croix ancrée d'or.*

Bénigne BOUHIER de LANTENAY, chevalier, marquis de Bouhier, seigneur de Lantenay, Pasques, Fontaine, Pouilly, Ruffey et Culestre, né, le 27 février 1723, de Bénigne Bouhier, seigneur de Pouilly, Fontaine, etc., brigadier des armées du Roi, et d'Augustine Espiard de La Cour, a été reçu conseiller le 10 juillet 1747. Pourvu d'un office de président, sur la résignation de Philibert-Bernard Gagne de Perrigny, par lettres du 15 mai 1756, avec dispenses d'âge et de parenté à cause de Pierre-Anne Chesnard de Layé, président, son beau-frère, il a été reçu le 21 juin 1756.

Il avait épousé, le 18 février 1748, Charlotte-Élisabeth, fille de François-Bernard NORMANT, conseiller au Parlement, et d'Antoinette Voivelle.

La famille Bouhier est éteinte.

ARMES : *d'azur, au bœuf passant d'or.*

Marc-Antoine-Bernard-Claude CHARTRAIRE de BOURBONNE, chevalier, marquis de Bourbonne, baron de Loisy, né, le 28 novembre 1737, de Jean-François-Gabriel-Bénigne Chartraire de Bourbonne, président à mortier, et de Jeanne-Guillelmine Bouhier de Savigny, fut reçu président le 14 février 1758, sur la résignation de son père. Les lettres de provisions qui lui furent accordées renfermaient des dispenses d'âge et de parenté avec Philibert-André Fleutelot de Marlien, son oncle, et portaient pour condition qu'il n'entrerait en exercice qu'à l'âge de vingt-sept ans, jusqu'auquel temps il devait continuer d'exercer la charge de conseiller, en laquelle il avait été reçu le 10 mars 1756.

Il épousa, le 4 novembre 1763, Reine, fille de Marc-Antoine Chartraire, comte de Bierre et de Montigny, et de N... de Maizière. Il est mort à Dijon, le 23 juillet 1781, et a été enterré dans l'église de Saint-Pierre, ne laissant qu'une fille mariée à N... de Mesmes, comte d'Avaux. Sa famille est éteinte.

Armes : *de gueules, à la tour d'or.*

François-Henri d'ANTHÈS DE LONGEPIERRE, chevalier, marquis de Villecomte, baron de Longepierre, seigneur de La Villeneuve, Saussy, Vernaux, etc., né, le 16 décembre 1729, de Jean-Philippe d'Anthès, marquis de Villecomte, baron de Blotzeim, Namsheim, Longepierre, etc., seigneur d'Aprey, La Villeneuve, Saussy, Vernaux, etc., conseiller au conseil souverain de Colmar, et de Marie-Élisabeth Démougé, a été reçu conseiller au conseil souverain de Colmar, le 29 novembre 1754. Pourvu d'un office de président sur la résignation de Jean-Philippe Fyot de La Marche, nommé premier président, il a été reçu le 9 avril 1767, en vertu de lettres de provisions du 31 mars précédent, renfermant dispenses d'âge et de service.

Il est mort sans alliance, à Dijon, le 29 mars 1798. Sa famille subsiste honorablement.

Armes : *de gueules, à trois épées d'argent, garnies d'or et liées de sinople, posées deux en sautoir les pointes en bas, et celle du milieu en pal la pointe en haut.*

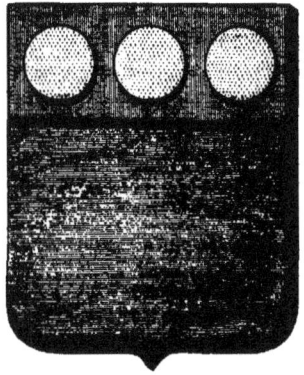

FRÉDÉRIC-HENRI RICHARD DE RUFFEY, chevalier, né à Dijon, le 29 mai 1750, de Germain-Gilles Richard de Ruffey, président à la chambre des comptes de Dijon, et d'Anne-Claudine de Laforest de Montfort, a été reçu conseiller le 8 août 1768, et président le 4 mars 1776, en remplacement de Marc-Antoine-Bernard-Claude Chartraire de Bourbonne, de qui il avait acquis, à la charge de n'exercer l'office de président qu'après avoir exercé pendant dix ans l'office de conseiller dont il était pourvu.

Il épousa, le 25 août 1776, Marie-Charlotte, fille de Louis-Jacques-Charles HOCQUART DE CUŒILLY, trésorier de l'artillerie à Paris, et de Marie-Suzanne-Éléonore Bergeret.

Ce magistrat mourut victime de la Révolution; il fut décapité à Dijon, le 10 avril 1794. Le comte Richard de Vesvrotte, son frère, a laissé postérité.

ARMES : *d'azur, au chef cousu de gueules, chargé de trois besants d'or.*
SUPPORTS : *deux aigles.*
DEVISE : QUO JUSTIOR, EO DITIOR.

Louis-Philibert-Joseph JOLY de BÉVY, chevalier, né à Dijon, le 23 mars 1736, de Joseph Joly de Bévy, président à la chambre des comptes de Dijon, et de Marie Portail, a été reçu conseiller le 18 janvier 1755, et président le 13 février 1777, en remplacement de Jacques-Vincent Languet-Robelin de Rochefort, décédé, avec dispenses d'âge et de parenté, à cause de Jean Lemulier de Bressey, son beau-frère.

Il avait épousé, le 29 avril 1765, Louise, fille de Jean-François Lemulier de Bressey, conseiller au Parlement, et de Claudine Arcelot de Charodon.

Le président de Bévy est mort à Dijon, le 21 février 1822. Sa famille est éteinte.

Il avait publié quelques ouvrages, dont voici les principaux:

Œuvres de Jurisprudence du président Bouhier. (Dijon, Frantin, 3 vol. in-f°.) Le 3° contient le commentaire de Bernard Martin sur la Coutume de Bourgogne. Cette édition devait avoir six volumes: elle a été interrompue par la Révolution.

Traité de la Péremption d'instance, par feu J. Mélenet, augmenté d'un traité du président Bouhier sur cette matière, avec des additions et des notes. (Dijon, 1787, un vol. in-8°.)

Nouvelle traduction de l'Imitation de Jésus-Christ. Il a paru trois éditions de cet ouvrage; la dernière est enrichie du texte de la Vulgate, traduit par le P. Carrières. (Dijon, 1822, un vol. in-8°.)

De l'Ordre de la Noblesse, et de son antiquité chez les Francs. (Dijon, 1817, un vol. in-8°.)

Extrait du livre de M. Burke sur la Révolution Française. (Dijon, 1819, un vol. in-8°.)

Sur Louis XIV. (Dijon, 1820, un vol. in-8°.)

Armes: *écartelé, aux 1 et 4 d'azur, au chef d'or; aux 2 et 3 d'azur, au chevron d'or, accompagné en chef de deux étoiles de même, et en pointe d'une tête d'enfant de carnation, chevelée d'or.*

Nicolas JANNON, chevalier, né à Dijon, le 9 décembre 1737, de Jean Jannon et de Marie Chevaldin, a été reçu conseiller le 28 juillet 1756, et président le 20 février 1777, en remplacement de Germain-Anne Loppin de Montmort, décédé en 1767.

Il avait épousé, le 16 septembre 1766, Magdeleine-Philiberte, fille de Jean Pérard et de Françoise-Éléonore Masson. Il est mort sans postérité.

Armes : *de gueules, à trois quintefeuilles d'argent.*

Antoine-Louis VERCHÈRE D'ARCELOT, chevalier, né, le 7 avril 1750, de Philibert Verchère d'Arcelot, conseiller au Parlement, et de Louise-Élisabeth Lecocq de Goupillière, a été reçu conseiller le 26 novembre 1768, et président le 20 février 1777, en remplacement de François-Marie Bernard de Sassenay, démissionnaire, avec dispenses d'âge et de parenté, à cause de Louis-François Verchère, conseiller clerc, son oncle.

Il épousa, le 14 juin 1779, Marguerite-Louise-Claudine-Chalon, fille de Guillaume DE TRUCHIS, seigneur de Serville (dans la Bresse chalonnaise), lieutenant de roi à Chalon-sur-Saône, et de Marie Guillier de Serrigny.

Il est mort en 1830, au château d'Arcelot, près de Dijon, laissant un fils, aujourd'hui vivant, mais sans alliance.

ARMES : *de gueules, à une croix potencée d'or en cœur, accompagnée en pointe d'un croissant d'argent; au chef cousu d'azur, chargé de trois étoiles d'or.*

JEAN PÉRARD, chevalier, né, le 7 mai 1753, de Jean Pérard, seigneur de Saint-Marcellin, et de Françoise-Éléonore Masson, a été reçu conseiller le 12 août 1776, et président le 13 janvier 1780, en remplacement de Bénigne Bouhier de Lantenay, démissionnaire, avec dispenses d'âge et de parenté, à cause de MM. Jannon et Charpy de Jugny, ses beaux-frères.

Il épousa, le 16 février 1778, Bernarde-Françoise, fille d'Hubert GUYARD DE CHANGEY, mestre de camp de cavalerie, commandant du château de Dijon, et de Charlotte-Jeanne Moreau.

ARMES : *de gueules, à une bande d'argent, chargée d'un ours de sable passant dans le sens de la bande; au chef d'or.*

DEVISE : VICTRIX PER ARDUA VIRTUS.

Jean-Baptiste-François MAYNEAUD DE BIZEFRANC, comte DE PANCEMONT, chevalier, né à Digoin, le 5 septembre 1755, de Hugues Mayneaud, seigneur de Bizefranc, Tavau et Pancemont, et de Marie-Jeanne Baudoin, a été reçu conseiller le 16 décembre 1776, et président le 29 juillet 1782, en remplacement de Pierre-Anne Chesnard de Layé, démissionnaire.

Il épousa, le 28 janvier 1789, Amélie-Joséphine, fille de Philippe-François-Célestin RENAULT DE BOUCLY, et de Marie-Rosalie-Joséphine Scorion, dont il n'a eu qu'une fille, veuve, depuis 1833, du comte de Tournon.

L'Empereur le nomma comte de Pancemont, chevalier de la Légion-d'Honneur, et premier président de la cour d'appel de Nismes : plus tard, il devint député et conseiller d'État.

Il est mort le 23 février 1836, et a été inhumé dans la chapelle funéraire de sa famille, érigée dans le cimetière de Gennelard (Saône-et-Loire), où il possédait un très-beau château et des biens considérables.

ARMES : *écartelé, aux 1 et 4 d'argent, à trois merlettes de sable; aux 2 et 3 d'azur, à la tour d'or.*

Jean-Vivant MICAULT de COURBETON, chevalier, seigneur de Montigny, né, le 10 mai 1725, de Vivant Micault et de Catherine Nugues, a été reçu conseiller le 13 mars 1780, et président le 11 février 1783, en remplacement de Charles de Brosses, décédé en 1777.

Il avait épousé Marie-Charlotte, fille de Charles de Trudaine, conseiller d'État. Il a été la première victime de la Révolution, à Dijon, où il fut décapité le 17 mars 1794. Cette famille est éteinte.

Armes : *d'azur, au chevron d'or, accompagné de trois chats assis d'argent, les deux du chef affrontés.*

Supports : *deux lévriers.*

Devise : Sola virtus.

CHAPITRE III.

ÉVÊQUES DE DIJON, CONSEILLERS-NÉS D'HONNEUR AU PARLEMENT DE BOURGOGNE. [1]

Le siége épiscopal de Dijon fut érigé en 1731. C'est, du moins, en cette année que le premier évêque, Jean Bouhier, a été sacré et a pris possession. Mais il paraît que ce prélat avait été nommé plusieurs années auparavant, et que dès 1728 il portait déjà le titre d'évêque. Ces faits résultent d'une lettre adressée à M. Richard de Ruffey, président à la chambre des comptes de Dijon, et datée du 12 avril 1728. L'abbé Leblanc, auteur de cette lettre, parlant de M. Bouhier, le nomme *notre évêque*, et, un peu plus bas, il dit positivement dans une méchante pièce de vers : *Il est évêque, et, ce qui m'embarrasse, n'est pas sacré.* L'almanach de la province de Bourgogne confirme pleinement cette assertion, car, en parlant de M. Jean Bouhier, il assure qu'il fut désigné en 1726 comme premier évêque de Dijon. Les difficultés qu'entraînait l'érection d'un siége épiscopal ; peut-être les oppositions à vaincre, soit de la part de l'évêché de Langres, soit de la part des abbayes de Saint-Étienne de Dijon, et de Saint-Pierre de Bèze, dont on se proposait de former la mense épiscopale ; la mort du pape Benoît XIII, qui avait consenti à l'érection, expliquent comment M. Bouhier fut présenté pour l'évêché de Dijon dès 1726, et comment ce même évêché ne fut pourtant érigé qu'en 1731.

La bulle du pape Clément XII, donnée à Rome, à Sainte-Marie-Majeure, l'an de l'Incarnation 1731, le 5ᵉ d'avant les Ides d'avril (lundi 9 avril), expose les motifs de l'érection du nouvel évêché, et présente un tableau pompeux de la splendeur de Dijon au commencement du xviiiᵉ siècle. Cette bulle fut approuvée par le Roi au mois de juillet, et registrée en parlement à Dijon, le 8 août 1731 ; elle supprimait le titre d'abbé de Saint-Étienne et celui d'abbé de Saint-Pierre de Bèze, pour doter le nouvel évêché ; mais elle conservait à l'évêque de Dijon le droit de donner les bénéfices dépendant de ces abbayes, en quelque diocèse qu'ils fussent situés.

Une déclaration du Roi, du 18 mars 1732, établit l'évêque de Dijon conseiller-né d'honneur au Parlement de Bourgogne, en qualité d'évêque diocésain.

---

[1] Nous devons à une obligeante communication de M. l'abbé Bougaud, professeur d'histoire au grand séminaire de Dijon, une grande partie des faits contenus dans ce chapitre.

Jean BOUHIER, né à Dijon, de Jean Bouhier et de N... Bernardon, après avoir exercé jusqu'en 1703 la charge de conseiller clerc au Parlement de Bourgogne, dans laquelle il avait été reçu le 9 janvier 1693, fut élu du clergé des états de Bourgogne, de 1721 à 1723, et nommé à la même époque (1723) chancelier de la faculté de droit érigée à Dijon l'année précédente. Il était doyen du chapitre de la Sainte-Chapelle du Roi à Dijon, abbé de Saint-Germain d'Auxerre, grand-prieur du chapitre noble de Gigny, lorsqu'en 1726 il fut désigné pour le siége épiscopal de Dijon, dont il ne prit possession que le 13 avril 1732. Il fut sacré à Paris le 16 septembre suivant, et prêta serment entre les mains du Roi le 23 du même mois. C'est à cette époque qu'il fut reçu conseiller-né d'honneur au Parlement.

Six ans après (1737), il fut nommé premier évêque de Saint-Claude, dont il ne prit pas possession. Il se démit même de son siége en 1743, et mourut le 15 octobre 1745. Dans le synode tenu en 1743, il arrêta des statuts synodaux qui furent promulgués par son successeur, le 8 septembre 1744. (Dijon, Desaint, 1744, in-12.)

Armes : *d'azur, au bœuf passant d'or.*

Claude BOUHIER, né à Dijon, le 19 octobre 1681, de Bénigne Bouhier, président à mortier au Parlement, et de Claire de La Toison, était frère de l'illustre président Bouhier, membre de l'Académie française. Après avoir été prieur de Notre-Dame de Pontailler, chanoine, puis prévôt de l'église cathédrale de Dijon, abbé commendataire de Fontaine-Daniel, vicaire général du diocèse de Langres et ensuite de celui de Dijon, il fut nommé évêque de cette ville, sur la démission de Jean Bouhier, son parent, et fut sacré le 24 janvier 1744. Il prêta serment entre les mains du Roi, et fut reçu conseiller-né d'honneur au Parlement. Il fut ensuite élu du clergé des états de Bourgogne, en 1751, et mourut le 19 juin 1755. Enterré dans le tombeau des évêques de Dijon, à la cathédrale, son cœur est déposé dans l'église de Saint-Bénigne, près d'une des grilles du chœur, à main gauche, où on avait fait mettre l'inscription suivante :

D. O. M.

AD PEDES S.S. MARTYRIS AC BURGUNDIÆ

APOSTOLI BENIGNI,

UBI, SIBI VIVENTI ERAT THESAURUS SUUS,

IBI ETIAM POST MORTEM

COR SUUM ESSE VOLUIT,

ILLUSTRISS. AC REVERENDISS. D.D. IN CHRISTO

PATER CLAUDIUS BOUHIER,

SECUNDUS HUJUSCE CIVITATIS EPISCOPUS,

QUI REVERA NIHIL POTIUS CORDI HABUIT,

QUAM UT IN SUA DIOECESI SANCTI PATRONI

CULTUS SOLEMNIOR ESSET AC FREQUENTIOR.

M. DCC. LV.

Armes : *d'azur, au bœuf passant d'or.*

Claude-Marc-Antoine d'APCHON, né à Montbrison, en 1721, de Jacques-Antoine-Joseph-Marie d'Apchon, baron de Montrond, seigneur de Boisset, et de Claudine, fille de Philippe Chapuis, baron de Corgenon, chevalier d'honneur au présidial de Bourg, premier syndic de la noblesse de Bresse. Le jeune d'Apchon prit d'abord le parti des armes; il était capitaine de dragons lorsqu'il embrassa l'état ecclésiastique. Après avoir été doyen de la collégiale de la Chapelle-aux-riches de Dijon, abbé commendataire de Preuilly, prieur de La Chaux et vicaire général du diocèse de Dijon, il en fut nommé évêque le 29 juin 1755, et fut sacré le 19 octobre suivant. Il prêta serment entre les mains du Roi la même année, et fut reçu conseiller-né d'honneur au Parlement, le 5 janvier 1756. Il fut ensuite élu du clergé aux états de Bourgogne, en 1760, et enfin élevé à l'archevêché d'Auch, le 18 février 1776. Il avait refusé trois fois cet archevêché, et il ne se décida que sur un ordre précis à quitter Dijon, où la tradition a conservé jusqu'à nous le souvenir de ses vertus. Son éloge a été lu par J.-B. Volfius, à la séance publique de l'académie de Dijon, le 30 mars 1816.

Ce prélat est mort à Paris, le 21 mars 1783. On a de lui des instructions pastorales pleines d'onction; il a de plus attaché son nom au *Breviarium Divionense*, qui n'est que le bréviaire parisien auquel il a joint le propre du diocèse de Dijon. Le mandement où il relève en termes pompeux le mérite très-contestable de ce bréviaire est du 1er janvier 1761.

Armes : *d'or, semé de fleurs de lis d'azur.*

Jacques-Joseph-François de VOGUÉ, né à Aubenas, le 13 avril 1740, de François-Éléazar de Vogué, chevalier des ordres du Roi, lieutenant-général de ses armées, et de Magdeleine du Bouchet de Sourches, fille du grand prévôt de l'Hôtel. Il fut abbé commendataire de Fontenay, et, dès l'âge de 30 ans, il était agent général du clergé de France à l'assemblée de 1770 ; cette distinction, surtout à un âge aussi peu avancé, est une preuve du mérite de ce prélat. Il fut sacré évêque de Dijon le 9 juin 1776, et reçu en cette qualité conseiller-né d'honneur au Parlement, le 3 décembre de la même année.

Il est mort à Aubenas, au mois de février 1787.

Armes : *d'azur, au coq d'or, barbé, becqué et membré de gueules.*

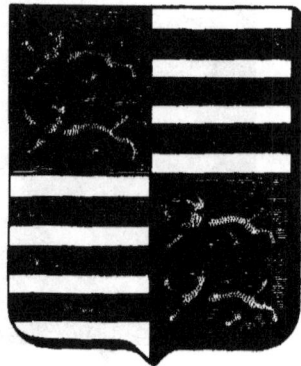

René des MONTIERS de MÉRINVILLE, né à Limoges, en 1742. Après avoir été aumônier de la reine Marie-Antoinette, il fut nommé à l'évêché de Dijon, et sacré le 13 mai 1787. En cette qualité, il fut reçu conseiller-né d'honneur au Parlement; il fut encore député du clergé du bailliage de Dijon aux États généraux du Royaume, en 1789, mais il se retira de cette assemblée dès l'année suivante.

Ce prélat adhéra, le 9 avril, à l'instruction donnée par M. de La Luzerne, pour détourner le Clergé de prêter serment à la Constitution, et, le 27 novembre, il refusa lui-même de le prêter. Les électeurs de la Côte-d'Or s'étant servis de ce prétexte pour proclamer évêque du département J.-B. Volfius, professeur de rhétorique au collége de Dijon, M. de Mérinville lança contre lui une ordonnance sévère, témoignage énergique de son attachement à l'unité. Il émigra en 1790, et ne rentra en France qu'à l'époque du concordat de 1801. Cette même année, il donna sa démission du siége de Dijon, lorsqu'elle lui fut demandée par Pie VII, et fut nommé au siége épiscopal de Chambéry, dont il se démit en 1805. L'année suivante, il fut nommé chevalier de la Légion-d'Honneur et chanoine du chapitre de Saint-Denis. Ce titre lui fut conservé lors de la nouvelle organisation de ce chapitre, en 1817. Il mourut à Versailles, en 1829.

Armes : *écartelé, aux 1 et 4 d'azur, à deux lions léopardés d'or; aux 2 et 3 d'argent, à trois fasces de gueules.*

CHAPITRE IV.

CONSEILLERS D'HONNEUR ECCLÉSIASTIQUES.[1]

Antoine de MALVIN de MONTAZET, né à Agen, le 17 août 1712, de Charles de Malvin, marquis de Montazet, baron de Quillac, et de Jeanne-Françoise de Fontanges de Maumont. Nommé aumônier ordinaire du Roi le 27 décembre 1742, sacré évêque d'Autun le 25 août 1748, il fut reçu en cette qualité conseiller d'honneur ecclésiastique au Parlement de Bourgogne. Il fut promu à l'archevêché de Lyon le 21 août 1758, et réunit encore à ces différents titres ceux de membre de l'Académie française et d'abbé commendataire des abbayes de Nogent-sous-Coucy, de Monstiers-en-Argonne et de Saint-Victor-de-Paris, dans laquelle il mourut le 2 mai 1788.

Armes : *écartelé, aux 1 et 4 d'azur, à trois étoiles d'or posées 2 et 1*, qui est de Malvin ; *aux 2 et 3 de gueules, à deux balances d'argent l'une sur l'autre*, qui est de Montpézat.

---

[1] Plusieurs des siéges épiscopaux, et notamment celui de Chalon-sur-Saône, auxquels était attachée la dignité de conseiller d'honneur au Parlement de Bourgogne, ont eu, au XVIIIe siècle, un plus grand nombre de titulaires que ceux qui sont mentionnés dans ce chapitre. Mais comme nous n'avons trouvé, ni dans les almanachs de la Province, ni dans le manuscrit de M. Girault, aucune trace de réceptions autres que celles que nous avons rapportées ici, nous avons dû en conclure que les prélats non mentionnés ont omis de se faire recevoir dans le Parlement.

Gabriel CORTOIS de QUINCEY, né à Dijon, le 14 septembre 1714, frère de Claude-Antoine Cortois-Humbert, conseiller au Parlement. Après avoir été archidiacre et vicaire général du diocèse de Dijon, il fut sacré évêque de Belley le 22 août 1751, et fut reçu en cette qualité conseiller d'honneur ecclésiastique au Parlement. C'était un prélat d'infiniment d'esprit et d'une haute intelligence ; il était l'intime ami du président de Brosses : plusieurs des lettres écrites d'Italie par ce magistrat, lui sont adressées. Il est mort à Belley, le 15 janvier 1791.

M. Foisset remarque, dans son Histoire du président de Brosses, que la famille Cortois offre l'exemple unique de trois évêques du même nom assis à la fois sur trois siéges de l'Église de France. M. Cortois de Quincey, évêque de Belley ; M. Cortois de Balore, évêque d'Alais, puis de Nîmes, et M. Cortois de Pressigny, évêque de Saint-Malo, puis archevêque de Besançon.

Armes : *écartelé, aux 1 et 4 d'argent, à la traînée de lierre de sinople mise en fasce ; au chef cousu d'or, chargé d'une aigle de sable*, qui est de Cortois ; *aux 2 et 3 de gueules, à deux lions d'or à une tête posés en chevron, et une étoile d'argent en pointe*, qui est d'Humbert.

Mathias PONCET DE LA RIVIÈRE, né à Paris en 1708, de Pierre Poncet, président aux enquêtes du parlement de Paris. Après avoir été grand vicaire de Séez, il fut sacré évêque de Troyes le 2 septembre 1742.

Ce prélat eut de nombreux démêlés avec ses diocésains. Les magistrats de Troyes rendirent contre lui des sentences pour le forcer à administrer les sacrements à un malade, et comme il s'y refusait, il fut exilé à Méry. Différents mémoires qu'il publia pour sa justification lui attirèrent de nouvelles persécutions. Frappé par plusieurs arrêts du parlement de Paris, il fut conduit à l'abbaye de Murbach. Rentré dans son diocèse en 1757, il refusa l'évêché d'Aire, qui lui fut offert l'année suivante, et donna sa démission du siége de Troyes. C'est alors (1758) qu'il fut nommé abbé commendataire de Saint-Bénigne de Dijon, conseiller d'honneur ecclésiastique au Parlement de Bourgogne, aumônier du roi de Pologne duc de Lorraine, et doyen de Saint-Marcel. Il est mort à Paris le 5 avril 1780.

Chancelier de l'académie de Dijon et membre de l'académie de Nancy, il fut remarqué parmi les orateurs chrétiens de son siècle. On a de lui des *Lettres pastorales*, un *Discours sur le Goût*, un *Sermon pour la prise d'habit de Madame Louise*, et différentes *Oraisons funèbres*, entre autres celles de la reine de Pologne, 1742; de Madame Anne-Henriette de France, 1752; de Madame Louise-Élisabeth, duchesse de Parme, 1760; de Marie-Leczinska, reine de France, 1768, et de Louis XV, 1774.

Armes : *d'azur, à la gerbe d'or liée de même, chargée de deux tourterelles aussi d'or, affrontées et surmontées d'une étoile d'argent.*

Yves-Alexandre de MARBEUF naquit à Rennes, en 1732. Après avoir été vicaire général du diocèse de Rouen, il fut sacré évêque d'Autun le 12 juillet 1767, et prit possession de son siége le 17 août suivant. Le Roi le créa commandeur de l'ordre du Saint-Esprit, et lui confia la feuille des bénéfices. Député à l'assemblée du clergé de France en 1770, il fut sacré archevêque de Lyon le 29 octobre 1788. Il prit possession par procuration de ce nouveau siége, mais ne l'occupa jamais. Reçu conseiller d'honneur ecclésiastique au Parlement, le 5 décembre 1776, il mourut à Lubeck, en Basse-Saxe, le 15 avril 1799.

Armes : *d'azur, à deux épées d'argent garnies d'or, passées en sautoir, les pointes en bas.*

Jean-Baptiste du CHILLEAU, né au château de Charrière, diocèse de Saintes, le 7 octobre 1735, après avoir été aumônier de la Reine et vicaire général de Metz, fut sacré évêque de Chalon-sur-Saône, le 30 décembre 1781. Il fut reçu conseiller d'honneur ecclésiastique au Parlement, le 17 février 1785. Élu du clergé de cette province en 1787, il se retira en Suisse pendant la Révolution. Nommé à l'archevêché de Tours en 1817, il est mort en 1824.

Armes : *de sable, à trois brebis d'argent.*

CHAPITRE V.

ABBÉS DE CÎTEAUX, CONSEILLERS-NÉS AU PARLEMENT DE BOURGOGNE.

François TROUVÉ, né à Champagne-sur-Vingeanne en 1716, religieux de Cîteaux, docteur en Théologie de la faculté de Paris, a été élu abbé général de l'ordre de Cîteaux le 25 novembre 1748. Il prêta serment entre les mains du Roi le 11 juin 1749, et fut reçu conseiller-né au Parlement le 18 décembre suivant. Élu du clergé de la Province en 1754, il a été le dernier abbé de l'illustre abbaye de Cîteaux.

Nous devons à M. Rossignol, conservateur des archives de la Côte-d'Or et de l'ancienne Bourgogne, communication de la notice qui suit, extraite d'un ancien livre de l'abbaye de Cîteaux :

Franciscus Trouvé, *de oppido Campaniæ, electus 25 nov.* 1748, *totius novæ fabricæ Cisterciensis ichnographiam edi curavit; stagna arefecit; electus cleri Burgundiæ* (1754); *extrui curavit, anno* 1760, *ædes Capituli generalis; circumcinxit Cistercii clausuram canalibus; stagnantibus aquis fluxum dedit; Capitulo generali vocem deliberativam astrinxit, quod confirmavit decretum solemne divionense, anno* 1766 : *definitorium* [1] *intrà justos limites coercuit; amator loci et suorum.*

L'abbé Trouvé a fait construire l'immense bâtiment moderne qui est presque l'unique débris de l'ancien Cîteaux. Il est mort à Vosne, près de Nuits, le 6 mai 1797, âgé de quatre-vingts ans.

Armes : *écartelé, aux* 1 *et* 4 *d'azur, semé de fleurs de lis d'or; sur le tout bandé d'or et d'azur de six pièces, à la bordure de gueules*, qui est de Cîteaux; *aux* 2 *et* 3 *d'azur, au chevron d'argent, accompagné de trois trèfles de même*, qui est de Trouvé.

---

[1] Définitoire. Ce terme était usité dans plusieurs ordres religieux, pour exprimer l'assemblée des principaux officiers d'un chapitre général ou provincial. Quand un religieux se croyait traité injustement par son supérieur immédiat, il pouvait en appeler au *Définitoire*.

CHAPITRE VI.

CHEVALIERS D'HONNEUR, CONSEILLERS AU PARLEMENT DE BOURGOGNE.

ARMAND-JEAN DE SENNEVOY, chevalier, comte de Sennevoy, seigneur de Balot, Jouancy et Athée, né, le 7 septembre 1702, d'Aubert, comte de Sennevoy, et de Marie-Anne de Vassart, fut pourvu d'un office de chevalier d'honneur sur la résignation de Louis de Vienne de Commarin, et en vertu de lettres de provisions du 23 novembre 1736. Reçu le 3 décembre suivant, il est mort dans sa terre de Balot le 15 février 1752.

Il avait épousé, le 9 janvier 1736, Hélène-Angélique-Charlotte, fille de François-Marie DE SAINT-BELIN DE VAUDREMONT, mestre-de-camp de cavalerie, et de Françoise-Bernardine du Moustier.

ARMES : *de gueules, à la bande d'or; au chef d'argent.*

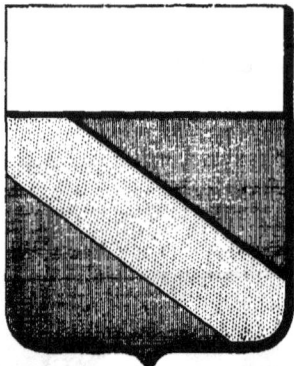

François-Marie de SENNEVOY, chevalier, marquis de Sennevoy, seigneur de Balot, Jouancy et Athée, fils du précédent, naquit le 19 août 1737. Par lettres de provisions du 4 novembre 1752, contenant dispense d'âge, il fut pourvu de l'office de chevalier d'honneur qu'avait possédé son père, mais à condition qu'il ne prendrait séance au Parlement qu'à l'âge de vingt-cinq ans accomplis. Il fut reçu le 20 novembre 1752, et prit séance le 1" mars 1763.

M. de Sennevoy suivit avec honneur la carrière des armes; en 1767, il était **colonel du régiment de Boulonais, infanterie; en 1783, colonel du régiment de Colonel-Général, infanterie; et enfin, en 1784, il fut nommé maréchal des camps et armées du Roi.**

Il a épousé : 1° Marie-Charlotte, fille de Charles de Maizière et de N... de Sas, veuve du baron de Lieuray, colonel d'infanterie; 2° Adélaïde-Thècle-Julie, fille du comte de Mesnard-Chousy, ministre plénipotentiaire de France en Franconie, et de N... Vassal. Elle était veuve d'Antoine Cortois de Charnailles, maréchal-de-camp, et mourut à Paris, le 28 mars 1848.

Armes : *de gueules, à la bande d'or; au chef d'argent.*

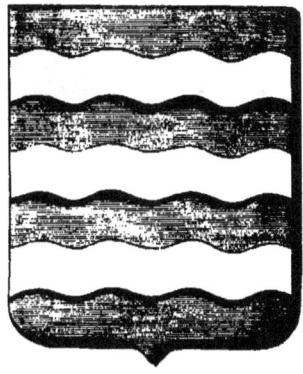

Jacques de BRANCION, chevalier, comte de Brancion, seigneur de Visargent, Condé et Bure, né, le 27 août 1699, d'Humbert, comte de Brancion, et de Magdeleine de Chargère du Breuil, fut pourvu de l'office de chevalier d'honneur vacant par la mort de Louis-Joseph de Chanlecy de Pluvault, par lettres du 12 juillet 1756, et fut reçu le 26 du même mois.

Il avait épousé, le 26 août 1733, Jeanne-Claudine-Magdeleine, fille de Jean Lecompasseur, marquis de Courtivron, président à mortier au Parlement de Bourgogne, et de Pierrette-Françoise-Charlotte-Marie de Clermont-Tonnerre.

Il mourut dans son château de Visargent, en 1761. Jean-Claude de Clermont-Mont-Saint-Jean, son gendre, devait lui succéder dans sa charge de chevalier d'honneur, mais il mourut avant d'être reçu.

Armes : *d'azur, à trois bandes ondées d'argent.*

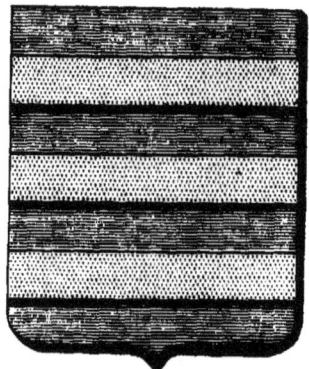

Pierre-Bernard de FONTETTE, chevalier, seigneur de Sommery et Chavance, chef d'escadre des armées navales, commandeur de l'ordre de Saint-Louis, né, le 19 septembre 1696, de Saladin-Hyacinthe de Fontette de Sommery, et de Françoise de Châlus, fut pourvu de l'office de chevalier d'honneur que devait occuper Jean-Claude de Clermont-Mont-Saint-Jean, en remplacement de Jacques de Brancion, son beau-père. (Voir l'article qui précède.)

Les lettres de provisions de Pierre-Bernard de Fontette lui furent expédiées le 4 février 1762, elles contenaient en sa faveur une dispense de parenté avec Jean-Baptiste-Claude Suremain de Flamerans, son gendre, conseiller au Parlement. Il fut reçu le 26 mars 1763 et mourut le 15 mars 1767.

Il avait épousé Lazarine, fille de Jean-Bénigne Lamy, conseiller-maître en la chambre des comptes de Dijon, et de N... Petit.

Armes : *d'azur, à trois fasces d'or.*

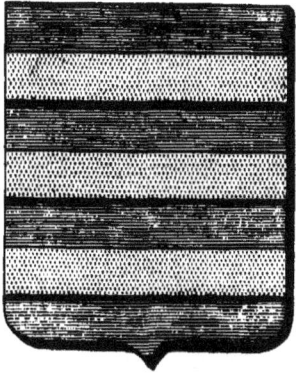

Charles-Marie de FONTETTE, chevalier, comte de Sommery, né à Dijon, le 9 avril 1745, fils du précédent, fut pourvu de l'office de chevalier d'honneur vacant par la mort de son père, par lettres du 29 avril 1767, avec dispenses d'âge et de parenté à cause de Jean-Baptiste-Claude Suremain de Flamerans, son beau-frère, et fut reçu le 13 août 1767.

Il épousa N... de Montjustin, et est mort à Mosbach sur le Necker, le 30 septembre 1796. Sa famille est éteinte.

Armes : *d'azur, à trois fasces d'or.*

CHAPITRE VII.

CONSEILLERS AU PARLEMENT.

PHILIPPE-BÉNIGNE BOUHIER DE VERSAILLEUX, seigneur de Versailleux, Chevigny, Port-de-Palleau, Morelet, Lanthes et La Motte, né le 28 juin 1712, de Jean Bouhier de Versailleux, président à mortier, et de Catherine Berbis de Longecour. Pourvu d'un office de conseiller laïque sur la résignation de Jean-Bénigne-Bernard David de Villars, par lettres du 24 février 1733, avec dispenses d'âge et de parenté à cause de son père, il fut reçu le 27 du même mois.

Après neuf années d'exercice, il a résigné en faveur de Jean-Marie Bouhier-Bernardon, son frère.

De son mariage avec la fille unique de N... BOUQUINET DE LANTHES, trésorier de France, et de N... Moreau, il ne lui est resté qu'une fille mariée au comte de Vogué, dont est né Charles-Elzéar-François de Vogué, qui épousa Adélaïde-Louise-Zéphirine de Damas, veuve, le 8 octobre 1807, et remariée, le 17 novembre 1813, à César-Laurent, comte de Chastellux, officier général, ancien gentilhomme de la Chambre, ancien pair de France, et chef de sa famille.

ARMES : *d'azur, au bœuf passant d'or.*

Jean-Maurice-Léonard-Magdeleine BUREAU de SAINT-PIERRE, prêtre, doyen de l'église collégiale de Saint-Lazare d'Avalon, prieur du prieuré royal de Notre-Dame de Pontailler, président-né des états de la vicomté d'Auxonne, naquit le 24 février 1704, de Philibert Bureau, receveur général des finances en Champagne, et de Françoise Durand. Il fut pourvu de la charge de conseiller clerc, vacante par la mort de Jean Legouz, par lettres du 17 juin 1733, et fut reçu le 8 juillet suivant.

M. Bureau de Saint-Pierre fit au Parlement, le 6 juillet 1763, le rapport sur la morale des Jésuites. Ce rapport est peu remarquable.

Il est mort le 11 mars 1777.

Armes : *d'azur, au chevron potencé et contre-potencé d'or, accompagné de trois buires de même.*

Nicolas **CHARPY de BILLY**, seigneur de Billy, Saint-Usage, Jugny, Échenon et Vaubize, né, le 1" mars 1704, de Louis Charpy de Saint-Usage, conseiller au Parlement, et de Marie Jachiet, fut pourvu d'un office de conseiller laïque, sur la résignation de son père, par lettres du 30 juin 1733, et fut reçu le 13 juillet suivant.

Il épousa : 1° Élisabeth-Charlotte, fille de Pierre de La Mare, conseiller au Parlement, et de Marie Verchère ; 2°, le 8 août 1752, Magdeleine-Lazarine, fille de **Jean-Baptiste-Bénigne de La Mare d'Aluze**, grand bailli du Dijonnais, et de Jeanne-Marie Gombault.

Il est mort à Meursault, au mois de novembre 1764, et son office fut supprimé par lettres patentes enregistrées le 1" décembre 1765.

Armes : *d'or, à l'aigle éployée de sable, chargée en cœur d'un écusson d'azur, à trois épis d'or issants d'un croissant d'argent ; au chef d'azur, chargé d'une croix potencée d'argent.*

Philibert-André FLEUTELOT de MARLIEN, seigneur de Marlien et Varanges, né à Dijon, le 10 janvier 1714, d'André Fleutelot de Marlien et d'Anne Pérard, fut pourvu de la charge de conseiller laïque, vacante par la mort de Jean-Baptiste de Requeleyne de Barrain, par lettres du 9 novembre 1733, et fut reçu le 21 du même mois.

Il épousa Claudine, fille du célèbre président Jean Bouhier de Savigny et de Claudine Bouhier de Lantenay.

Ce magistrat est mort doyen du Parlement, le 25 janvier 1787, à Versailles, où il avait été mandé par le Roi, avec une députation de sa compagnie, au sujet des remontrances de la Cour.

Armes : *d'argent, à trois trèfles de sable ; au chef de gueules, chargé d'un soleil d'or.*

Supports : *deux lions d'or.*

Jean-Baptiste de MACHECO de PREMEAUX, seigneur de Premeaux, Villy, Champrenaud et Segnerois, naquit, le 1" juillet 1713, de Jean-Charles de Macheco, conseiller au Parlement, et d'Antoinette Le Belin. Pourvu d'un office de conseiller laïque, sur la résignation de son père, par lettres du 22 octobre 1733, contenant dispense d'âge, il fut reçu le 7 décembre suivant.

Il est mort célibataire, le 31 janvier 1750, et a été inhumé dans la Sainte-Chapelle du Roi, à Dijon, où sa famille avait un tombeau.

La maison de Macheco subsiste honorablement.

Armes : *d'azur, au chevron d'or, accompagné de trois têtes de perdrix arrachées de même.*

Supports : *deux coqs.*

Cimier : *une tête de coq.*

Devise : J'ai bon bec et bon ongle.

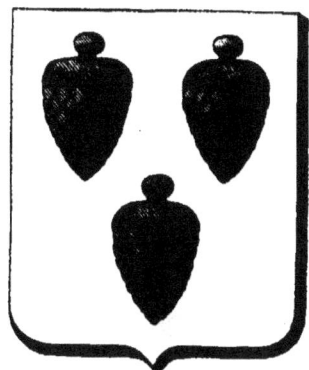

Henri BAZIN, prêtre, chanoine de la Sainte-Chapelle du Roi, né, le 13 janvier 1704, de Hugues-Jean-Baptiste Bazin, conseiller au Parlement, et de Marie-Louise Petit, fut pourvu de l'office de conseiller clerc, vacant par la mort de Hugues David. Les lettres de provisions lui en furent expédiées le 18 mars 1734, et il fut reçu le 2 avril suivant.

Il est mort en 1783. Sa famille est éteinte.

ARMES : *d'argent, à trois pommes de pin de sinople renversées.*

JEAN-FRANÇOIS-GABRIEL-BÉNIGNE CHARTRAIRE DE BOURBONNE, marquis de Bourbonne, baron de Loisy, fut pourvu d'un office de conseiller laïque, sur la démission de Louis-Arnaud de La Briffe de Ferrière, par lettres du 8 mai 1734, avec dispense d'âge, et fut reçu le 24 du même mois.

Il a passé depuis à un office de président. Voir plus haut l'article qui le concerne au chapitre des présidents, page 7.

Jean COEURDEROY, né, le 17 juillet 1714, de N... Cœurderoy, conseiller-maître en la chambre des comptes de Dijon, et de N... Longo, fut pourvu, par lettres du 21 avril 1735, d'un office de conseiller commissaire aux requêtes du palais, en remplacement d'Antoine-Balthazar de Requeleyne, et fut reçu le 11 mai suivant.

Il a épousé N..., fille de Charles ARTHAUD et de Françoise Noirot.

ARMES : *d'azur, au cœur couronné d'or, accosté de deux palmes de même.*

Louis BUTARD des MONTOTS, seigneur des Montots et Navilly, né, le 9 septembre 1715, de Louis Butard et d'Élisabeth Villemot. Il fut pourvu de l'office de conseiller laïque, vacant par la mort d'Abraham Quarré de Dracy, par lettres du 29 avril 1735, contenant dispenses d'âge et de parenté, à cause de Louis Quarré de Quintin, procureur-général, son beau-frère, et fut reçu le 27 juin de la même année.

Il avait épousé Charlotte, fille de Philippe Suremain de Flamerans, conseiller au Parlement, et d'Anne Pannelle, et il mourut à Dijon le 6 janvier 1805. Sa famille est éteinte.

On n'a pu se défendre du plaisir de rapporter ici l'éclatant témoignage que rend à Madame des Montots le président de Brosses : « Ce serait bien en vain qu'on courrait le monde pour trouver ailleurs un cœur aussi sensible et aussi vrai, une âme plus pure et meilleure, un caractère aussi égal, aussi sociable, aussi doux. Qu'a-t-elle besoin d'une aussi jolie figure? Elle devrait la laisser à quelque autre ; elle n'en a que faire pour être universellement chérie de tout le monde. Je lui passe pourtant ces yeux si doux et si fins, parce qu'ils sont le plus beau miroir de la plus belle âme qui fût jamais. » (Lettres écrites d'Italie.)

Armes : *d'argent, à l'aigle de sable.*

Louis-Joseph PERRENEY de BALEURE, seigneur de Baleure, Tailly, Athézan et Esbatis, né, le 19 avril 1714, de N... Perreney d'Aubigny, capitaine de cavalerie, et de N... Laforest, fut pourvu de l'office de conseiller laïque, vacant par la mort de Jean-Baptiste Bazin, par lettres du 30 juillet 1735, avec dispenses d'âge et de parenté à cause de Charles Perreney d'Athézan, conseiller, son frère, et fut reçu le 12 août suivant.

Il épousa, le 12 novembre 1749, N..., fille de N... Lorenchet de Tailly, et de N... Destang, et mourut le 5 juin 1779.

Armes : *d'azur, semé d'étoiles d'or.*

Pierre-Antoine ROBIN d'ASPREMONT, seigneur d'Aspremont, né, le 24 mai 1701, de Jean-Louis Robin, président de la juridiction des traites foraines du Bugey, et de Louise-Thérèse Jantet, fut pourvu d'un office de conseiller laïque, en remplacement d'Antoine-Bénigne Lamy de Samerey, démissionnaire. Les lettres de provisions lui en furent expédiées le 4 août 1735, et il fut reçu le 20 décembre suivant.

Ce magistrat est mort au mois de mai 1778; il avait épousé, le 12 août 1752, Catherine DE GRENAUD.

ARMES : *d'azur, à la fasce d'or, accompagnée de trois étoiles de même, 2 en chef et 1 en pointe; cette dernière surmontée d'un croissant d'argent.*

Charles-Marie FÉVRET DE FONTETTE, seigneur de Fontette, Saint-Mesmin, La Maison-Dio et Godan, né à Dijon, le 15 avril 1710, de Jacques-Charles Févret et de Barbe-Charlotte de Migieu. Il fut pourvu d'un office de conseiller laïque, sur la résignation de Jean Cothenot de Mailly, par lettres du 23 décembre 1735, et fut reçu le 11 janvier 1736.

Le président de Brosses a tracé de main de maître le portrait de M. de Fontette, son cousin germain :

« D'un caractère actif, d'un esprit prompt, ardent et précis, bon jurisconsulte, méthodique, assidu, expéditif dans son travail, né avec le goût et le talent des affaires, sachant se faire de ses occupations une espèce de plaisir. Prompt à démêler le point de la difficulté, à l'exposer avec netteté, à le décider avec justesse, s'il ne cédait pas sans peine à l'avis d'autrui, s'il aimait à faire prévaloir le sien, c'est qu'il s'en était profondément pénétré d'avance. Il mettait plus de chaleur encore à prendre en mains les intérêts de sa compagnie. Son empressement à la servir était extrême. Presque toujours choisi à cet effet par la grande confiance que lui méritaient ses lumières, il réussit plus d'une fois en des occasions majeures, sachant s'aviser des expédients et conduire les ressorts, mêler l'adresse à la patience, et diriger sa marche sans la mettre à découvert. »

M. de Fontette fut l'un des trois rapporteurs nommés dans l'affaire des Jésuites. Il parla le premier, le 4 juillet 1763 ; son travail a été imprimé.

Reçu, le 23 mars 1753, membre de l'académie de Dijon, et quelques années après, chancelier de cette compagnie ; en 1771, il fut élu membre de l'académie des Inscriptions et belles-lettres. Il est l'auteur de la *Bibliothèque historique de France* (Paris, 1768-1775, 5 vol. in-f°), et de plusieurs ouvrages manuscrits pleins d'intérêt et de recherches savantes, qui, de la bibliothèque de M. Esmonin de Dampierre, ont passé dans celle du marquis de Paulmy d'Argenson, à la mort duquel ils furent achetés pour la bibliothèque de MONSIEUR, frère du roi Louis XVI. (Aujourd'hui bibliothèque de l'Arsenal.)

Ce magistrat est mort le 21 février 1772, et a été enterré dans l'église de Saint-Jean de Dijon ; son éloge a été prononcé à l'académie de Dijon, par M. Perret, et à celle des Inscriptions, par M. Dupuis. On retrouve ces deux discours en tête du 5° vol. de la *Bibliothèque historique de France*, publié par les soins de M. Barbeau de La Bruyère.

Il avait épousé, au mois de juin 1738, Étiennette, fille d'Henri RÉMOND, conseiller-maître en la cour des comptes de Dijon, et de Françoise Languet, dame de Couchey, en partie.

ARMES : *écartelé, aux 1 et 4 d'argent, à une hure de sanglier arrachée de sable, armée d'argent et lampassée d'une flamme de gueules ; aux 2 et 3 d'azur, à trois bandes d'or.*

Bénigne FARDEL de DAIX, fils de Louis Fardel, seigneur de Daix et de Verrey, et de Marie-Anne Derey, naquit le 19 juillet 1713. Il fut pourvu de l'office de conseiller au Parlement, président aux requêtes du palais, sur la résignation de Marc-Antoine Denizot, par lettres du 20 janvier 1736, avec dispense d'âge, et fut reçu le 29 février suivant.

Il épousa Marie, fille de François Boillaud, seigneur de Fussey, et de Louise-Martine de Noinville, et mourut en 1781.

Armes : *de gueules, à trois bandes d'argent.*

Jean BONNARD, né, le 2 octobre 1707, de Bénigne Bonnard, avocat du Roi au bailliage de Dijon, et de Jeanne Languet de Sivry, fut pourvu d'un office de conseiller commissaire aux requêtes du palais, sur la résignation de Philippe

Suremain de Flamerans, par lettres du 24 février 1736, et fut reçu le 9 mars suivant.

Il épousa Anne, fille de François MILLIÈRE, et de Jeanne Crespey, et mourut à Dijon, au mois de septembre 1765. Son office fut supprimé en 1767.

ARMES : *d'argent, à une flèche de gueules, posée sur un arc tendu de même, et en chef une aigle de sable volant à sénestre.*

LOUIS-MARIE-NICOLAS D'ARLAY, seigneur de La Vallée et de Crécy, né, le 13 août 1713, de Charles d'Arlay, conseiller au Parlement, et de Marie de Fleury, fut pourvu de l'office de conseiller laïque, vacant par la mort de Claude-Joseph Guye de Labergement, par lettres du 2 mars 1736, avec dispense d'âge, et fut reçu le 16 du même mois.

Il est mort à Dijon le 14 janvier 1789.

ARMES : *d'argent, à la fasce de sable.*

Pierre FILZJAN de TALMAY, baron de Talmay, seigneur de Barain et Montigny, l'une des lumières du Parlement, naquit le 14 avril 1714, d'Étienne Filzjan, baron de Talmay, conseiller au Parlement, et de Marie de Bretagne. Pourvu d'un office de conseiller laïque, sur la résignation de Jean-Pierre Burteur, par lettres du 20 avril 1736, contenant dispenses d'âge et de parenté avec son père, et André Filzjan de Talmay, conseiller clerc, son oncle, il fut reçu le 5 juin de la même année.

Le 12 janvier 1784, après avoir résigné son office en faveur d'Antoine-Bernard Carrelet de Loisy, il fut nommé *Conseiller d'honneur*, et inscrit à part sur les listes du Parlement, en avant du doyen et des conseillers titulaires de la Grand'Chambre. Nous ne connaissons qu'un autre exemple de cette distinction, c'est celui de M. Guillaume Languet-Robelin de Rochefort, nommé conseiller d'honneur en 1717, après trente années de service.

M. de Talmay épousa : 1° N... Petitot de Chalancey ; 2°, le 30 mars 1748, Françoise, fille de N... de La Toison, baron de Bussi, et d'Hélène de Pra-Balaysaulx. Il est mort le 15 août 1791.

Armes : *d'azur, au chevron d'or, accompagné de trois étoiles de même ; au chef d'or, chargé de trois croix pattées de gueules.*

Cimier : *une croix pattée.*

Supports : *deux lions.*

Jean-François LEMULIER de BRESSEY, seigneur de Bressey, né, le 9 février 1714, de Claude Lemulier de Courterolles, conseiller commissaire aux requêtes du palais, et de Jeanne Filzjan de Sainte-Colombe, fut pourvu d'un office de conseiller laïque, sur la résignation de François-Anne Chartraire de Givry, par lettres du 1" février 1737, avec dispense d'âge, et fut reçu le 19 du même mois. Après vingt-quatre ans de service, il a résigné en faveur de Jean Lemulier de Bressey, son fils, et a obtenu des lettres de conseiller honoraire.

Il épousa, au mois de septembre 1738, Claudine, fille de Claude Arcelot de Charodon, et de N... Chevignard, et il mourut au château de Bressey, le 26 septembre 1783.

Armes : *d'azur, à deux cigognes d'argent affrontées.*

Jean-Baptiste GAGNE de POUILLY, baron de Pouilly-sur-Saône, seigneur de Nanteuil et Saint-Prix, né, le 15 juillet 1717, de François-Aimé-Jacques Gagne, baron de Pouilly, conseiller au Parlement, et de Marguerite Jannon. Il fut pourvu de l'office de conseiller laïque, vacant par la mort d'Hector-Bernard Pouffier, doyen de la Cour, par lettres du 17 avril 1737, contenant dispenses d'âge et de parenté avec son père, et fut reçu le 8 mai de la même année.

Il est mort à Dijon le 3 mai 1789.

Armes : *d'azur, à trois éperons d'or.*

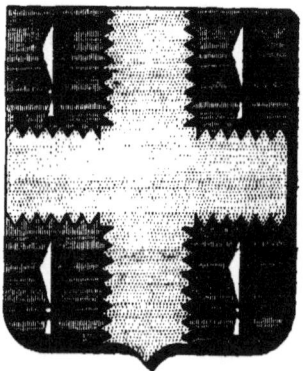

Jean-Baptiste LEGOUZ, prieur commendataire de Baume, chanoine de la Sainte-Chapelle du Roi, à Dijon, né, le 15 mai 1712, de Bénigne-Germain Legouz de Saint-Seine, président à mortier, et de Marie Pérard de La Vaivre. Il fut pourvu de l'office de conseiller clerc, vacant par la mort d'Antoine Bouhier de

Lantenay, par lettres du 28 février 1738, contenant dispense de parenté à cause de son père, et fut reçu le 22 mars suivant. Après neuf ans d'exercice, il a résigné en faveur de Louis-François Verchère, et est mort à Paris, en 1765. C'était le frère aîné du premier président de Saint-Seine.

Armes : *de gueules, à la croix endentée d'or, cantonnée de quatre fers de lance d'argent.*

Abraham-Guy de MIGIEU, marquis de Savigny, seigneur de Chorey et Varenne, né, le 4 avril 1718, d'Abraham-François de Migieu, président à mortier, et de Marie-Nicole de Cherrière. Il fut pourvu d'un office de conseiller laïque, sur la résignation de Jean-François-Gabriel-Bénigne Chartraire de Bourbonne, par lettres du 7 juillet 1738, avec dispense d'âge, et fut reçu le 19 juillet suivant.

C'est d'Abraham de Migieu que M. de Brosses disait :

« Migieu aime assez les bonnes choses et s'y entend. Il a du fond dans l'esprit, beaucoup de connaissances et un grand attachement à l'étude. Il est froid et son abord ne prévient pas; mais il a le cœur bon, franc, plein de droiture, noble et désintéressé autant qu'il soit possible. » (Lettres écrites d'Italie.)

M. de Migieu épousa, le 8 janvier 1748, Marie Portail, veuve de Joseph Joly de Bévy, président à la chambre des comptes de Dijon, et mourut sans postérité, le 8 février 1749. Il a été enterré aux Cordeliers, dans la sépulture de sa famille, aujourd'hui éteinte.

Armes : *de sable, à trois étoiles d'argent.*

Philippe de LA MARE, seigneur de Chevigny et Broindon, né le 31 mars 1713, était fils de Pierre de La Mare, conseiller au Parlement, et de Marie-Anne Verchère. Il fut pourvu d'un office de conseiller laïque, sur la résignation de son père, par lettres du 24 octobre 1738, avec dispense de parenté, à cause d'Antoine-Claude Verchère d'Arcelot, son oncle maternel, et de Nicolas Charpy de Billy, son beau-frère, et fut reçu le 26 novembre suivant.

M. de La Mare épousa, en 1741, Louise, fille de Claude-Philippe de La Loge de Broindon, conseiller au Parlement, et de N... Genreau. Il mourut le 2 novembre 1773, et fut inhumé aux Cordeliers. Sa famille est éteinte.

Armes : *de gueules, au chevron d'or, accompagné de trois coquilles d'argent.*

Pierre-François COTTIN de JONCY, baron de Joncy, né, le 10 janvier 1719, d'Octave Cottin de La Barre, conseiller au Parlement, et de Marie-Étiennette Burteur, fut pourvu de l'office de conseiller laïque vacant par la mort de Philibert de Maillard. Les lettres de provisions de cette charge lui furent expédiées le 8 novembre 1738, avec dispense d'âge, et il fut reçu le 15 décembre suivant.

M. de Joncy, *bonne tête et pleine de ressources*, disait le président de Brosses, était l'un des Triumvirs du Parlement. On nommait ainsi trois magistrats, un de la Grand'Chambre, un de la Tournelle et un des Enquêtes, chargés de préparer les délibérations de la Compagnie sur les affaires publiques. C'était M. de Joncy qui avait provoqué la nomination de ce triumvirat. Il fut l'un des trois rapporteurs de l'affaire des Jésuites. Son travail, lu le 5 juillet 1763, a été imprimé.

Ce magistrat avait épousé, le 9 février 1750, Magdeleine, fille de Claude-Charles Bernard de Blancey, secrétaire en chef des états de Bourgogne, et d'Henriette Julien. Il est mort le 9 mai 1766.

Armes : *d'azur, à deux colonnes d'or mises en pal.*

Bénigne LEGOUZ de SAINT-SEINE fut pourvu d'un office de conseiller laïque, en remplacement de François Pérard de la Vaivre, son aïeul maternel, décédé doyen de la Cour. Les lettres de provisions lui en furent expédiées le 9 janvier 1739, avec dispenses d'âge et de parenté, à cause de Bénigne-Germain Legouz de Saint-Seine, président, son père, et de Jean-Baptiste Legouz, conseiller clerc, son frère. Il fut reçu le 24 du même mois.

Six ans après, il passa à une charge de président, et, le 31 juillet 1777, il fut reçu premier président. (Voir plus haut, pages 6 et 7 de cet ouvrage.)

Jean-Claude de FRANCE, né, le 9 avril 1709, de Zacharie de France, seigneur de Cherchillat, et d'Huguette Désir, fut pourvu d'un office de conseiller laïque, sur la résignation de Philibert Jehannin, par lettres du 6 mars 1739, et fut reçu le 15 avril suivant. Après quinze années d'exercice, il résigna en faveur de François Pelletier de Cléry.

ARMES : *d'azur, à deux fasces d'argent, accompagnées de six fleurs de lis d'or posées 3, 2 et 1.*

Jean-Claude PERRENEY de GROSBOIS, seigneur de Grosbois, Vellemont, Vouges et Valotte, né, le 24 octobre 1718, de Nicolas-Claude Perreney de Grosbois, président à mortier, et de Marie-Jeanne Aymeret de Gazeau, fut pourvu de l'office de conseiller laïque vacant par la mort d'Étienne Dagonneau de Marcilly. Les lettres de provisions de cette charge lui furent expédiées le 24 juillet 1739, avec dispenses d'âge et de parenté, à cause de son père, et il fut reçu le 8 août suivant.

Le 16 mars 1750, il fut reçu procureur général au Parlement, en survivance de Louis Quarré de Quintin ; et en 1761, il fut promu à la dignité de premier président du parlement de Besançon. Son office de conseiller passa alors à Louis-Étienne Lorenchet de Melonde.

M. de Grosbois épousa, le 17 septembre 1747, Aimée-Philippine, fille de Richard Fyot, marquis de Mimeure, et de Catherine de Vienne. Il est mort à Grosbois-en-Montagne, canton de Pouilly-en-Auxois (Côte-d'Or), le 28 juillet 1810, âgé de quatre-vingt-douze ans. Le marquis de Grosbois, son fils, en faveur duquel il s'était démis de sa charge de premier président du parlement de Besançon, a été député de la noblesse de Franche-Comté aux États généraux de 1789, et député du département de la Côte-d'Or en 1815, puis conseiller d'État et pair de France en 1827. Il est mort à Grosbois, le 16 mai 1840, à quatre-vingt-quatre ans moins un mois, étant né le 17 avril 1756.

Armes : *d'azur, semé d'étoiles d'or.*

Philibert VERCHÈRE D'ARCELOT, marquis d'Arcelot, seigneur d'Arceau et de Selore, né, le 4 mai 1721, d'Antoine-Claude Verchère d'Arcelot, conseiller au Parlement, et de Gertrude-Marguerite Noblet. Il fut pourvu d'un office de conseiller laïque, sur la résignation de Jean-Étienne Quarré de Givry, par lettres du 29 juillet 1740, avec dispenses d'âge et de parenté, à cause de son père, et fut reçu le 12 août de la même année.

M. d'Arcelot épousa, le 10 juillet 1749, Louise-Élisabeth, fille de Jean-Baptiste Lecocq, marquis de Goupillière, maître des requêtes, et de Geneviève d'Azy. Il est mort à Paris en 1766.

Armes : *de gueules, à une croix potencée d'or en cœur, accompagnée en pointe d'un croissant d'argent ; au chef cousu d'azur, chargé de trois étoiles d'or.*

François-Marie BERNARD de SASSENAY fut pourvu de l'office de conseiller laïque vacant par la mort de Georges-Bernard Joly de Drambon. Les lettres de provisions de cette charge lui furent expédiées le 29 juillet 1740, avec dispenses d'âge et de parenté à cause de François Joly de Chintré, son oncle maternel, et il fut reçu le 12 août 1740.

Le 18 mars 1751, il a été reçu président à mortier, et a résigné son office de conseiller en faveur de Barthélemi Cortois de Quincey.

Voir plus haut l'article qui le concerne, au chapitre des présidents, page 8.

Pierre-Bernard-Philibert ESPIARD de LA COUR, seigneur de La Cour-d'Arcenay, né, le 1er février 1715, de Claude Espiard de La Cour, conseiller au Parlement, et de Marie-Catherine Tapin de Perrigny, fut pourvu d'un office de conseiller laïque, sur la démission de son père, par lettres du 25 février 1741, et fut reçu le 14 mars suivant.

Il épousa, le 15 juin 1750, Barbe-Charlotte, fille de Jacques-Charles Févret de Fontette, conseiller au Parlement, et de Barbe-Charlotte de Migieu.

Ce magistrat est mort à Dijon, le 10 janvier 1758, et a été inhumé aux Cordeliers. On a de lui un *Recueil d'œuvres mêlées et pensées philosophiques*. (Amsterdam, 1749, in-8°.)

Armes : *d'azur, à trois épis d'or, ardents de gueules.*

Jean-Charles FILZJAN de SAINTE-COLOMBE, seigneur de Sainte-Colombe, fils de Jean-Christophe Filzjan de Sainte-Colombe, conseiller-maître en la chambre des comptes de Dijon, et de Claire-Jaquette Seurot, naquit le 14 mars 1719. Il fut pourvu d'un office de conseiller laïque, sur la résignation d'Antoine Joly, marquis de Blaisy, par lettres du 21 avril 1741, contenant dispense d'âge, et fut reçu le 4 mai suivant.

M. Filzjan de Sainte-Colombe épousa, le 27 janvier 1755, Élisabeth, fille de Guy Sallier, seigneur de La Roche-en-Brenil (canton de Saulieu, Côte-d'Or), conseiller au Grand Conseil, et d'Élisabeth Denis.

Il est mort à Vitteaux, le 28 avril 1790, victime d'une émeute populaire.

Armes : *d'azur, au chevron d'or, accompagné de trois étoiles de même ; au chef d'or, chargé de trois croix pattées de gueules.*

Cimier : *une croix pattée.*

Supports : *deux lions.*

Jean-Baptiste-François JEHANNIN de CHAMBLANC, seigneur de Chamblanc, né, le 2 février 1722, d'Antoine Jehannin-Arviset, conseiller au Parlement, et de Jeanne de Montchevaire, fut pourvu d'un office de conseiller laïque, sur la résignation de son père, par lettres du 1er septembre 1741, avec dispense d'âge, et fut reçu le 21 novembre suivant. Après plus de vingt années d'exercice, il a résigné en faveur de Jean-Baptiste de Beuverand.

M. de Chamblanc avait de grandes connaissances en histoire naturelle; il a formé un très beau cabinet qui est devenu celui de la ville de Dijon. Il a épousé, le 15 janvier 1754, Catherine, fille de Philibert Parigot de Santenay, conseiller au parlement de Metz, et de Marie-Anne Blancheton. Sa famille est éteinte. Elle descendait de l'avocat Jehannin, le *Papinien de la Bourgogne* sous Louis XIV.

Armes : *d'azur, à trois bandes d'or ; au chef de même, chargé de deux étoiles de gueules.*

Jean-Marie BOUHIER-BERNARDON, né, le 10 septembre 1723, de Jean Bouhier de Versailleux, président à mortier au Parlement de Bourgogne, et de Catherine Berbis de Longecour, fut pourvu d'un office de conseiller laïque sur la résignation de Philippe-Bénigne Bouhier de Versailleux, son frère, par lettres du 20 juillet 1742, avec dispense d'âge, et fut reçu le 4 août suivant.

Ce magistrat est mort le 2 février 1798.

ARMES : *écartelé, aux 1 et 4 d'azur, au bœuf d'or, qui est de Bouhier ; aux 2 et 3 d'azur, au sautoir d'or, accompagné en chef d'un croissant de même, et de trois étoiles aussi d'or, posées deux aux côtés et une en pointe, qui est de Bernardon.*

Jean BOUHIER DE FONTAINE, seigneur de Fontaine, Rouvray et Villars, né, le 27 février 1723, de Bénigne Bouhier de Pouilly, brigadier des armées du Roi, et d'Augustine Espiard de La Cour. Il fut pourvu d'un office de conseiller laïque, sur la résignation de Charles de Brosses, par lettres du 27 septembre 1742, avec dispense d'âge, et fut reçu le 26 novembre suivant.

M. Bouhier de Fontaine est mort célibataire à Paris, au mois de mars 1761.

ARMES : *d'azur, au bœuf passant d'or.*

SAMUEL-FRANÇOIS RIGOLIER DE PARCEY, né, le 25 août 1716, d'Antoine Rigolier, avocat au Parlement, et de Louise Ligier, fut pourvu d'un office de conseiller commissaire aux requêtes du palais, sur la résignation de Benjamin-François Leclerc de Buffon, père du grand naturaliste. Les provisions lui en furent expédiées le 13 novembre 1742, et il fut reçu le 7 décembre suivant.

Il épousa, le 18 juin 1748, N..., fille de François DE MALLET DU PARC, conseiller à la table de marbre, et passa, en 1770, à un office de président à la chambre des comptes de Dôle.

ARMES : *d'azur, au chevron d'argent, accompagné de trois étoiles de même, et surmonté de trois demi-vols aussi d'argent, rangés en chef.*

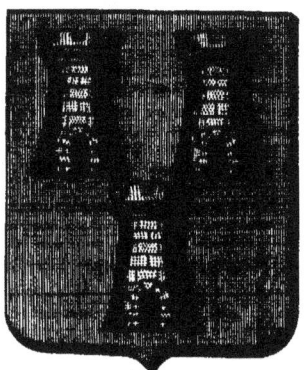

François-Bernard ARTHAUD, né à Seurre, le 18 octobre 1716, de Charles Arthaud et de Françoise Noirot, fut pourvu d'un office de conseiller laïque, sur la résignation d'Étienne de Clugny, par lettres du 15 février 1743, avec dispense de parenté à cause de Jean Cœurderoy, conseiller commissaire aux requêtes du palais, son beau-frère, et fut reçu le 11 mars suivant. Deux ans après, il résigna en faveur de Jean-François Normant du Monceau.

M. Arthaud avait épousé Jeanne Degrée de Germinon.

Armes : *de gueules, à trois tours d'or.*

Jean-Philippe FYOT de LA MARCHE, marquis de La Marche, comte de Bosjan, baron de Montpont, etc. Ce magistrat fut pourvu d'un office de conseiller laïque, sur la résignation de Jean-Ignace Rollet de La Tour-des-Prost, par lettres du 29 mars 1743, avec dispenses d'âge et de parenté à cause de son père, qui était président à mortier, et de Jacques-Philippe Fyot de Neuilly, conseiller garde des sceaux, son oncle, et il fut reçu le 30 avril de la même année.

Il devint plus tard président, puis premier président, et a résigné son office de conseiller en faveur de Vivant-Mathias-Léonard-Raphaël Villedieu de Torcy.

Voir plus haut les articles qui le concernent, pages 2 et 8 de cet ouvrage.

Claude VARENNE de LONGVOY, seigneur de Longvoy, Nully, Beauvernois et Baume-La-Roche, né, le 31 octobre 1722, de Claude Varenne, conseiller au Parlement, et d'Élisabeth de Beauvernois. Il fut pourvu de l'office de conseiller garde des sceaux, en remplacement de Jacques-Philippe Fyot de Neuilly, démissionnaire, en vertu de lettres de provisions du 13 août 1743, contenant dispenses d'âge et de parenté avec Pierre Quarré d'Étroyes, second mari de sa mère, et fut reçu le 2 décembre suivant.

M. de Longvoy épousa N..., fille de Pierre Quarré d'Étroyes, conseiller au Parlement.

Armes : *d'azur, à deux fasces d'argent, accompagnées de trois demi-vols de même, 2 en chef et 1 en pointe.*

Jean-Léonard BUREAU de LIVRON, prêtre, bachelier de Sorbonne, chanoine de l'église cathédrale de Chalon-sur-Saône, né, le 9 juillet 1705, de Philibert Bureau, receveur général des finances dans la province de Champagne, et de Françoise Durand. Il fut pourvu de l'office de conseiller clerc vacant par la mort de Pierre Normant du Monceau, en vertu de lettres de provisions du 30 décembre 1744, renfermant une dispense de parenté à cause de Jean-Maurice-Léonard-Magdeleine Bureau de Saint-Pierre, conseiller clerc, son frère, et fut reçu le 15 janvier 1745.

Ce magistrat est mort à Avallon le 16 novembre 1745.

ARMES : *d'azur, au chevron potencé et contre-potencé d'or, accompagné de trois buires de même.*

Jean-François NORMANT du MONCEAU, né, le 16 novembre 1719, de Pierre Normant du Monceau, conseiller au Parlement, et de Jeanne Pourcher, fut pourvu d'un office de conseiller laïque, en remplacement de François-Bernard Arthaud, par lettres du 9 janvier 1745, avec dispenses d'âge et de parenté à cause de son père, et fut reçu le 25 du même mois.

M. Normant du Monceau est mort sans alliance, le 26 juillet 1747, et a été inhumé dans l'église de Saint-Michel à Dijon.

ARMES : *d'azur, au chevron d'argent, accompagné en chef de deux roses d'or, et en pointe d'un croissant d'argent.*

CLAUDE-JEAN RIGOLEY D'OGNY, comte de Mismont, baron d'Ogny, seigneur de Taurizeau et de La Croix, né à Dijon, le 12 octobre 1725, de Denis Rigoley de Mismont, secrétaire général des états de Bourgogne, et de Marie-Anne Chartraire de Bierre. Il fut pourvu d'un office de conseiller laïque, sur la résignation de Pierre Rigoley de Chevigny, par lettres du 8 mai 1745, avec dispenses d'âge et de parenté à cause de Jean-François-Gabriel-Bénigne Chartraire de Bourbonne, président, son oncle maternel, et fut reçu le 21 juillet de la même année.

Son office fut supprimé en 1765, et en 1770, il devint intendant général des postes et relais de France. Il épousa, le 27 mai 1768, Élisabeth, fille de Jean-Denis D'ALENCEY, seigneur de Couarde, et de N... Perret.

Ce magistrat est mort le 10 août 1793.

ARMES : *d'azur, au chevron d'or, accompagné de deux étoiles de même en chef, et d'un faisan aussi d'or en pointe.*

SUPPORTS : *deux lions.*

Jean-Baptiste-Claude SUREMAIN DE FLAMERANS, seigneur de Flamerans, Missery, Saizerey, Varenne, Sonnotte, Sainte-Marie-sur-Ouche et Pont-de-Pany, né à Auxonne, le 24 avril 1724, de Hugues Suremain de Flamerans et de Marie Petit. Il fut pourvu d'un office de conseiller laïque, sur la résignation de Bénigne Legouz de Saint-Seine, par lettres du 24 avril 1746, et fut reçu le 2 mai suivant.

Ce magistrat épousa : 1°, le 14 juin 1746, Barbe, fille de Philippe Suremain de Flamerans, conseiller au Parlement, son oncle, et d'Anne Pannelle ; 2°, le 29 juin 1762, Gabrielle, fille de Pierre-Bernard de Fontette-Sommery, chef d'escadre des armées navales, chevalier d'honneur au Parlement, et de Lazarine Lamy.

Il est mort au château de Missery, le 15 avril 1810. Sa famille subsiste.

Armes : *d'azur, au chevron d'or, accompagné en pointe d'une main d'argent.*
Devise : Certa manus, certa fides.

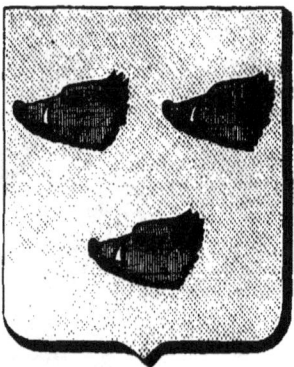

Jacques POURCHER, né, le 15 mai 1719, de Nicolas Pourcher, maire de Nuits, élu du tiers-état de la province de Bourgogne, et de Françoise Derepas, fut pourvu d'un office de conseiller commissaire aux requêtes du palais, sur la résignation de Pierre Normant du Monceau, par lettres du 7 octobre 1746, et fut reçu le 3 décembre suivant.

Il épousa Jeanne-Marie POURCHER, sa cousine.

ARMES : *d'or, à trois hures de sangliers arrachées de gueules, posées 2 et 1.*

PIERRE-ANNE CHESNARD DE LAYÉ fut reçu avocat du Roi au bailliage de Mâcon, le 1er septembre 1740, et lieutenant-général au même bailliage, le 15 janvier 1746. Pourvu de l'office de conseiller laïque vacant par la mort de François-Bernard Normant, son beau-père, par lettres du 21 avril 1747, il fut reçu dans cette charge le 2 mai suivant. En 1751, il passa à une charge de président, et en 1772, il fut nommé premier président du parlement Maupeou.

Voir plus haut l'article qui le concerne, au chapitre des présidents, page 9.

Louis-François VERCHÈRE, prêtre, doyen de l'église collégiale de Saulieu, et prieur commendataire de Saint-Laurent-de-Barjac, né, le 2 octobre 1723, d'Antoine-Claude Verchère d'Arcelot, conseiller au Parlement, et de Gertrude-Marguerite Noblet. Il fut pourvu d'un office de conseiller clerc, sur la résignation de Jean Legouz, par lettres du 28 avril 1747, avec dispenses d'âge et de parenté, à cause de son père et de Philibert Verchère d'Arcelot, conseiller, son frère, et fut reçu le 14 juin de la même année.

L'abbé Verchère est mort à Dijon en 1804.

ARMES : *de gueules, à une croix potencée d'or en cœur, accompagnée en pointe d'un croissant d'argent ; au chef cousu d'azur, chargé de trois étoiles d'or.*

BÉNIGNE BOUHIER DE LANTENAY, marquis de Bouhier, seigneur de Lantenay, fut pourvu d'un office de conseiller laïque, en remplacement d'Antoine-Bernard Bouhier de Lantenay, décédé. Les lettres de provisions de cette charge lui furent expédiées le 27 juin 1747, avec dispenses d'âge et de parenté, à cause de Jean Bouhier de Fontaine, son frère, et il fut reçu le 10 juillet suivant. Il a passé depuis à une charge de président, et a résigné en faveur de Jacques-Philibert Guenichot de Nogent.

Voir plus haut l'article qui le concerne, au chapitre des présidents, page 11.

Louis-Henri **FILZJAN de SAINTE-COLOMBE**, prêtre, chanoine de la Sainte-Chapelle du Roi à Dijon, né dans cette ville, le 9 octobre 1727, de Jean-Christophe Filzjan de Sainte-Colombe, conseiller-maître en la chambre des comptes de Dijon, et de Claire-Jaquette Seurot. Il fut pourvu de l'office de conseiller laïque vacant par la mort d'André Filzjan de Talmay, par lettres du 30 décembre 1747, avec dispenses d'âge et de parenté, à cause de Jean-Charles Filzjan de Sainte-Colombe, son frère, et fut reçu le 19 janvier 1748.

L'abbé de Sainte-Colombe est mort à Dijon le 5 mars 1802.

ARMES : *d'azur, au chevron d'or, accompagné de trois étoiles de même : au chef d'or, chargé de trois croix pattées de gueules.*

Vivant-Mathias-Léonard-Raphaël **VILLEDIEU de TORCY**, seigneur de Torcy, né à Montcenis, le 29 mars 1729, de Jean Villedieu, conseiller au Parlement, et de Bénigne Perrin de Cypierre. Il fut pourvu, par lettres du 8 mars 1748, de l'office de conseiller laïque qu'avait occupé Jean-Philippe Fyot de La Marche, avant de passer à une charge de président. Les lettres de provisions qui lui furent expédiées renfermaient des dispenses d'âge et de parenté à cause de son père. Il fut reçu le 20 mars 1748.

M. de Torcy épousa : 1°, le 11 août 1755, Marie-Suzanne, fille de François-Laurent BARTHELOT D'OZENAY et de Marie Bernard; 2°, le 16 mars 1767, Nicole, fille de Pierre SEGUIN DE LA MOTTE et de Marie Cottin. Il fut le dernier doyen de la Cour et mourut à Louisbourg, dans le duché de Wirtemberg, le 20 janvier 1795.

Sa famille subsiste.

ARMES : *d'azur, à deux pals d'or; au chef d'hermine.*

HENRI MAIRETET DE THOREY, seigneur de Thorey, Barjon et Thoire, né, le 26 novembre 1727, d'Alexandre Mairetet de Minot, conseiller au Parlement, et de Catherine Quirot, fut pourvu de l'office de conseiller laïque vacant par la mort de Pierre Quarré d'Étroyes, par lettres du 7 juin 1748, avec dispenses d'âge et de parenté à cause de son père, et fut reçu le 8 juillet suivant.

M. Mairetet de Thorey épousa, en 1760, Pierrette, fille de Philippe DE LA MARE, conseiller au Parlement, et de Louise de La Loge de Broindon. Il est mort au mois de septembre 1797.

ARMES : *d'argent, à l'olivier de sinople; au chef d'azur chargé de trois étoiles d'argent.*

Jean-Étienne-Bernard de CLUGNY, baron de Nuis-sur-Armançon, seigneur de Pralay et Villers-les-Hauts, né à la Guadeloupe, le 20 novembre 1729, d'Étienne de Clugny, conseiller au Parlement, et de Claire-Odette-Philiberte de Voisières de Crapado. Il fut pourvu de l'office de conseiller laïque vacant par la mort de Claude Lantin, seigneur de Planche. Les lettres de provisions lui en furent expédiées le 20 novembre 1748, avec dispenses d'âge et de parenté, à cause de Marc-Antoine de Clugny, conseiller clerc, son oncle, et il fut reçu le 13 janvier 1749.

« Durant sa jeunesse, passée à Dijon dans le sein du Parlement, il avait montré tout le feu, toute la véhémence que donne cet âge, tout le talent que la nature accorde, toutes les connaissances, toute la capacité qu'on n'acquiert qu'avec le temps. Une figure agréable, une élocution nette, un discernement prompt, un travail clair et facile ; le goût du monde et l'esprit des affaires le rendaient également propre à la magistrature et à la société. Il n'avait jamais exercé aucun emploi sans être jugé digne d'un plus considérable. » (Témoignage du président de Brosses.)

Nommé, en 1760, intendant de Saint-Domingue, et, en 1764, intendant de la marine à Brest, puis à Perpignan et à Bordeaux, son office fut supprimé en 1765. Il devint intendant général de la marine et des colonies en 1770, et contrôleur général des finances du Royaume en 1776. La loterie royale et la caisse d'escompte furent établies sous son ministère.

Il avait épousé, le 18 octobre 1753, Charlotte-Thérèse, fille de Charles-Gabriel Tardieu, marquis de Maleyssie, et de Philiberte Barillon.

M. de Clugny est mort à Paris le 18 octobre 1776.

Armes : *d'azur, à deux clefs d'or adossées et mises en pal, les anneaux en losange pommetés et enlacés.*

Supports : *deux daims d'argent, les ramures d'hermine.*

Cimier : *une ramure de daim d'hermine.*

PIERRE-FRANÇOIS GAUTHIER naquit à Saint-Léger, près Pontailler, le 26 juillet 1725, de Pierre Gauthier d'Ancise, ancien capitaine de dragons, trésorier de France à Dijon, et de Catherine Décologne. Pourvu de l'office de conseiller laïque vacant par la mort de Claude Guye de Vornes, par lettres du 28 février 1748, avec dispense d'âge, il fut reçu le 1er mars suivant.

M. Gauthier épousa, le 28 octobre 1766, Marie, fille de Jacques-Germain-Edme MARTINEAU DE SOLEINE, conseiller à la cour des monnaies de Paris, et de Marguerite Le Clerc d'Accolay. Il fut maire de Dijon du 1er janvier 1784 au 10 juillet suivant, et mourut à Paris, le 5 novembre 1795.

ARMES : *d'azur, au chevron accompagné de deux trèfles en chef et d'une étoile en pointe, le tout d'argent.*

Chrétien-Gaspard de MACHECO de PREMEAUX, seigneur de Premeaux, Ternay, Corgengoux, Mazerotte, Villey, Segrois, La Chaume et Visargent, né, le 14 juin 1721, de Jean-Charles de Macheco, conseiller au Parlement, et d'Antoinette Le Belin. Il fut pourvu de l'office de conseiller laïque vacant par la mort d'Abraham-François de Migieu, par lettres du 14 avril 1749, avec dispense de parenté à cause de Jean-Baptiste de Macheco, son frère, et fut reçu le 13 juin suivant.

Le 12 janvier 1772, il fut reçu président au parlement Maupeou, et se retira en 1775, à l'époque de la réorganisation du Parlement.

M. de Macheco avait épousé : 1°, le 5 août 1749, Guyotte-Marie-Théodorine, fille de Bénigne, marquis de Larrey, et de Françoise Sullier; 2°, le 26 octobre 1771, Magdeleine, fille de Jean-Gaston de Bouillé, comte de Créancey, et de Louise Guillaumanches du Boscage.

Il est mort à Dijon le 24 décembre 1799.

Armes : *d'azur, au chevron d'or, accompagné de trois têtes de perdrix arrachées de même.*

Supports : *deux coqs.*

Cimier : *une tête de coq.*

Devise : J'ai bon bec et bon ongle.

Nicolas PERRIN de CORBETON, né à Dijon, le 23 avril 1726, d'André Perrin, avocat, et de Jeanne Guillier, fut pourvu d'un office de conseiller commissaire aux requêtes du palais, sur la résignation de Joseph-Marie Lemulier de Saucy, par lettres du 15 novembre 1749, avec dispense d'âge, et fut reçu le 26 du même mois.

En 1770, il passa à un office de président à la chambre des comptes de Dôle.

Il avait épousé Claudine, fille de Michel Panay, conseiller auditeur en la chambre des comptes de Dijon, et de Françoise Vergnette.

Ce magistrat est mort à Dijon en 1790.

Armes : *d'azur, au chevron d'or, accompagné en chef de deux étoiles d'argent, et en pointe d'un rocher de même.*

Hugues de LA LOGE du BASSIN, né le 4 février 1722, était fils de Pierre de La Loge, seigneur du Bassin et de Broindon, et de Marie Lemulier de Saucy. Il fut pourvu de l'office de conseiller laïque vacant par la mort de Bénigne Comeau. Les lettres de provisions de cette charge lui furent expédiées le 19 mars 1750, avec dispense de parenté à cause de Claude-Philippe de La Loge de Broindon, conseiller, son oncle, et il fut reçu le 13 avril 1750.

En 1775, M. de La Loge se retira immédiatement après la restauration du Parlement. Il avait épousé, au mois de septembre 1753, Marie, fille de N... Gaudelet et de N... Vaillant.

Ce magistrat est mort à Dijon le 15 novembre 1814.

Armes : *d'azur, à un ours passant d'or, surmonté de trois pommes de pin de même renversées.*

Claude-Louis de LA LOGE de LA FONTENELLE, seigneur de La Fontenelle, né, le 25 juin 1727, de Guy-Bénigne de La Loge de Dionne, et de Louise David, fut pourvu, avec dispense d'âge et par lettres du 10 février 1751, de l'office de conseiller laïque vacant par la mort de Jean-Charles de Macheco. Il fut reçu le 1er mars suivant.

Le 11 juillet 1772, il fut reçu président au parlement Maupeou, en remplacement de Pierre-Anne Chesnard de Layé, qui venait d'être nommé premier président. Il se retira en 1776, après la réorganisation des parlements.

Ce magistrat avait épousé, le 29 mai 1759, Jeanne-Marie-Thérèse, fille de Jean-Baptiste de La Mare d'Aluze, grand bailli du Dijonnais, et de Jeanne-Marie Gombault.

Il est mort au mois de septembre 1788.

Armes : *d'azur, à un ours passant d'or, surmonté de trois pommes de pin de même renversées.*

Bernard-Étienne PÉRARD, né, le 7 septembre 1727, de Jules-François Pérard, conseiller commissaire aux requêtes du palais, et d'Anne Seurot, fut pourvu de l'office de conseiller laïque vacant par la mort de Jean Bouhier de Fontaine, par lettres du 30 avril 1751, avec dispenses d'âge et de parenté à cause de son père, et fut reçu le 18 juin suivant.

M. Pérard a passé, en 1763, à l'office de procureur général au Parlement, et sa charge a été supprimée. (Voir plus loin le chapitre des procureurs généraux.)

Il avait épousé, au mois d'août 1764, Marie, fille de Louis Butard des Montots et de Charlotte Suremain de Flamerans.

Ce magistrat est mort à Dijon le 28 mai 1795.

Armes : *de gueules, à la bande d'argent chargée d'un ours passant de sable; au chef d'or.*

Devise : Victrix per ardua virtus.

Philippe BARBUOT de PALAISEAU, seigneur de Palaiseau, né à Dijon, le 16 mars 1730, de Denis Barbuot, conseiller commissaire aux requêtes du palais, et d'Anne Grignet de Champagnolot, fut pourvu d'un office de conseiller laïque, sur la résignation de Pierre-Anne Chesnard de Layé qui passa à une charge de président. Les lettres de provisions de cette charge lui furent expédiées le 18 juin 1751, elles contenaient des dispenses d'âge et de parenté à cause de son père. Il fut reçu le 5 juillet suivant.

M. de Palaiseau avait épousé, le 28 novembre 1767, Marceline-Suzanne, fille de Jean-Baptiste, comte de Moucheron, et d'Anne-Simonne de Montamant.

Il est mort à Dijon, le 1" mai 1815, laissant un fils de ce mariage.

Armes : *de sinople, à la fasce d'argent, accompagnée de trois épis d'or, 2 en chef et 1 en pointe.*

Auguste-Louis-Zacharie ESPIARD D'ALLEREY, né, le 28 juin 1732, de Pierre Espiard, seigneur d'Allerey, conseiller au Parlement, et de Marie-Anne Bauyn, fut pourvu d'un office de conseiller laïque, sur la résignation de son père, par lettres du 20 décembre 1751, avec dispense d'âge, et fut reçu le 3 janvier 1752.

Ce magistrat est mort sans alliance, victime de la Révolution ; il fut décapité à Paris le 20 avril 1794.

ARMES : *écartelé, aux 1 et 4 d'azur, à trois épis d'or ardents de gueules*, qui est d'Espiard ; *aux 2 et 3 de gueules, à deux lions d'or à une tête posés en chevron, et une étoile d'argent en pointe*, qui est d'Humbert.

François-Ignace ESPIARD DE LA BORDE, prêtre, seigneur de La Borde et de Montagny, né à Besançon, le 28 octobre 1707, de François-Bernard Espiard de La Borde, président à mortier au parlement de Besançon, et de Claudine-Françoise de Santans. Il fut pourvu de l'office de conseiller clerc vacant par la mort de Marc-Antoine de Clugny, en vertu de lettres de provisions du 16 août 1753, et fut reçu le 3 décembre suivant.

M. Espiard de La Borde est mort à Dôle au mois de juin 1775.

Armes : *d'azur, à trois épis d'or ardents de gueules.*

Antoine JUILLET de SAINT-PIERRE, né à Chalon-sur-Saône, le 1er décembre 1727, de Valentin Juillet, seigneur du Bois-Saint-Pierre, et de Reine Leschenault, fut pourvu de l'office de conseiller commissaire aux requêtes du palais, vacant par la mort d'Étienne Filzjan de Talmay, par lettres du 23 février 1754, et fut reçu le 16 mars suivant.

Il épousa, le 12 août 1754, Michelle Clesquin.

Ce magistrat est mort le 10 janvier 1797.

Armes : *d'azur, à deux gerbes d'or passées en sautoir.*

Devise : Aurea messis erit si bene cultus ager.

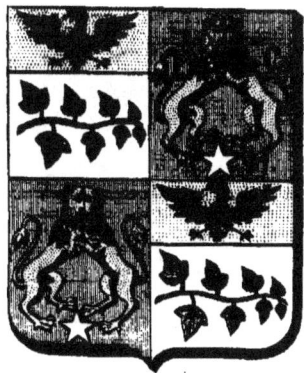

Barthélemi CORTOIS de QUINCEY, né, le 15 mars 1733, de Claude-Antoine Cortois-Humbert, conseiller au Parlement, et d'Anne de Mucie, fut pourvu d'un office de conseiller laïque, sur la résignation de François-Marie Bernard de Sassenay, qui passa à une charge de président. Les lettres de provisions de cette charge, contenant dispenses d'âge et de parenté à cause de son père, lui furent expédiées le 15 juillet 1754, et il fut reçu le 30 du même mois.

Il est mort à Dijon le 1er novembre 1799.

Armes : *écartelé, aux 1 et 4 d'argent, à la trainée de lierre de sinople posée en fasce ; au chef cousu d'or, chargé d'une aigle de sable*, qui est de Cortois; *aux 2 et 3 de gueules, à deux lions d'or à une tête posés en chevron, et accompagnés en pointe d'une étoile d'argent*, qui est d'Humbert.

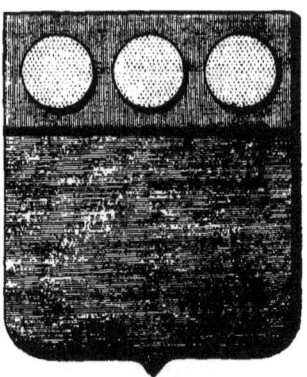

Andoche RICHARD D'ESCROTS, seigneur d'Escrots, né à Dijon, le 20 avril 1733, de Gilles-Germain Richard de Montaugé, et d'Anne-Marie Pernot d'Escrots. Il fut pourvu de l'office de conseiller laïque vacant par la mort de Charles Richard, son oncle, en vertu de lettres de provisions du 15 juillet 1754, contenant dispense d'âge, et fut reçu le 30 du même mois.

M. Richard d'Escrots est mort le 22 février 1814.

Armes : *d'azur, au chef cousu de gueules, chargé de trois besants d'or.*

Claude FYOT DE MIMEURE, marquis de Mimeure, seigneur de Janly[1] et Vaugimois, né, le 11 janvier 1734, de Richard Fyot, marquis de Mimeure, chevalier de Saint-Louis, capitaine de cavalerie, et de Catherine de Vienne. Il fut pourvu

---

[1] Chef-lieu de canton de l'arrondissement de Dijon. L'on écrit aujourd'hui Genlis; mais nous conservons l'ancienne et légitime orthographe de ce nom de lieu tout bourguignon.

d'un office de conseiller laïque, sur la résignation de Germain-Anne Loppin de Montmort qui passa à une charge de président. Les lettres de provisions lui en furent expédiées le 29 août 1754 ; elles contenaient des dispenses d'âge et de parenté, à cause de Jean-Claude Perreney de Vellemont (qui porta plus tard le nom de Perreney de Grosbois), conseiller, son beau-frère, et il fut reçu le 29 novembre 1754.

M. de Mimeure épousa, le 8 juillet 1755, Olympe, fille de Jean BERNARD DU TARTRE, vicomte de Chalon, seigneur de Sassenay, et de Judith Joly de Bévy.

Il est mort à Dijon le 27 juillet 1790.

ARMES : *écartelé, aux 1 et 4 d'azur, au chevron d'or, accompagné de trois losanges de même*, qui est de Fyot ; *aux 2 et 3 de gueules, à l'aigle d'or*, qui est de Mimeure.

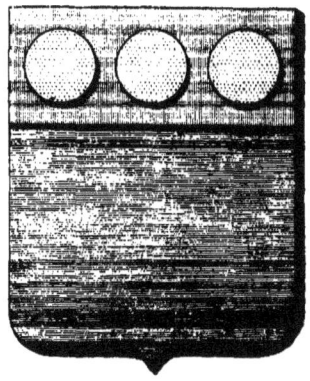

CHARLES RICHARD DE MONTAUGÉ, seigneur de Savigny-lez-Beaune, etc., etc., né, le 6 mai 1734, de Gilles-Germain Richard de Montaugé et d'Anne-Marie Pernot d'Escrots. Il fut pourvu de l'office de conseiller laïque vacant par la mort de Jean-François Normant du Monceau, par lettres du 28 septembre 1754, avec dispenses d'âge et de parenté, à cause d'Andoche Richard d'Escrots, conseiller, son frère, et fut reçu le 29 novembre suivant.

Il épousa, le 5 février 1782, Anne-Barbe-Charlotte, fille de Michel-Anthelme DE MIGIEU, et de Suzanne Baudet-Morelet.

M. de Montaugé est mort à Dijon le 4 avril 1808.

ARMES : *d'azur, au chef cousu de gueules, chargé de trois besants d'or*.

François **PELLETIER de CLÉRY**, seigneur de Cléry, Chambolle et Morey, né, le 23 mai 1733, de Jacques Pelletier de Cléry, et de Marie Fromageot, fut pourvu d'un office de conseiller laïque, sur la résignation de Jean-Claude de France, par lettres du 12 novembre 1754, avec dispense d'âge, et fut reçu le 16 décembre de la même année.

Il épousa, le 4 septembre 1759, Élisabeth, fille de Louis Butard des Montots, conseiller au Parlement, et de Charlotte Suremain de Flamerans.

M. Pelletier de Cléry est mort à Dijon le 3 novembre 1772, et a été inhumé dans l'église de Saint-Michel.

Armes : *de gueules, à la fasce d'hermine.*

Louis-Philibert-Joseph JOLY de BÉVY fut pourvu de l'office de conseiller laïque vacant par la mort de François Joly de Chintré, son oncle, en vertu de lettres de provisions du 30 décembre 1754, contenant dispense d'âge, et fut reçu le 18 février 1755.

Il appartenait depuis sept ans à la Compagnie, mais il n'avait pas encore accompli sa vingt-sixième année (étant né le 23 mars 1736), lorsqu'au plus fort de l'affaire Varenne (voir la *Vie du président de Brosses*, par M. Foisset), il se laissa emporter à publier, sans aucune censure préalable, un pamphlet anonyme qui n'a d'ailleurs rien de bien répréhensible : *le Parlement outragé*. L'imprimeur fut découvert et arrêté. M. de Bévy prit une résolution généreuse : il se déclara l'auteur de la brochure incriminée et déposa sur le bureau les provisions de sa charge, pour que la condamnation qu'il avait encourue ne rejaillît point sur le Parlement. Le peu de mots qu'il prononça en cette occasion, et qu'on peut lire dans la *Vie du président de Brosses* (page 212), sont pleins de vigueur et de noblesse. Mis à la Bastille, il y demeura huit mois ; après quoi, le Roi lui rendit les provisions de son office de conseiller. M. de Bévy passa plus tard à une charge de président, mais il resta homme d'opposition parlementaire.

Voir plus haut l'article qui le concerne, au chapitre des présidents, page 15.

Marc-Antoine-Bernard-Claude CHARTRAIRE de BOURBONNE, marquis de Bourbonne, fut pourvu de l'office de conseiller laïque vacant par la mort de Jean-Baptiste Bernard de Chanteau, en vertu de lettres de provisions du 17 février 1756, contenant dispenses d'âge et de parenté à cause de son père qui était président à mortier, et il fut reçu le 10 mars suivant.

M. de Bourbonne passa plus tard à une charge de président.

Voir plus haut l'article qui le concerne, au chapitre des présidents, page 12.

Nicolas JANNON fut pourvu de l'office de conseiller laïque vacant par la mort de François-Aimé-Jacques Gagne de Pouilly, et fut reçu le 28 juillet 1756.

En 1777, il passa à une charge de président.

Voir plus haut l'article qui le concerne, au chapitre des présidents, page 16.

Jacques-Philibert GUENICHOT de NOGENT, né, le 30 juin 1736, de Barthélemi Guenichot, avocat au Parlement, seigneur de Nogent, Saint-Phal et Menaut, et d'Anne-Thérèse Garrelot. Il fut pourvu d'un office de conseiller laïque, sur la résignation de Bénigne Bouhier de Lantenay qui passa à une charge de président, et fut reçu le 18 juillet 1757.

M. de Nogent prit une assez grande part à la polémique engagée entre le Parlement et Varenne; il réfuta spécialement l'écrit intitulé : *Registres du Parlement de Dijon durant la Ligue.*

Il avait épousé, le 7 août 1764, Jeanne, fille de Toussaint Depize, conseiller-maître en la chambre des comptes de Dijon, et de Marguerite Arcelot.

Ce magistrat est mort le 10 mars 1794.

Armes : *d'or, à la croix de sable.*

Michel-Joseph CŒURDEROY, fils de François Cœurderoy, président aux requêtes du palais, et de N... de Mailly, fut pourvu de l'office de conseiller laïque vacant par la mort d'Edme-Étienne-François Champion de Nansousthil, avec dispenses d'âge et de parenté à cause de son père, et fut reçu le 16 juin 1758. Il passa, en 1766, à la charge de premier président de la cour souveraine de Nancy.

M. Cœurderoy avait épousé, le 7 septembre 1760, N... Baudoin, fille de N... Baudoin, commissaire ordonnateur des guerres, et de N... Berthelot de Pléneuf.

Armes : *d'azur, au cœur couronné d'or, accosté de deux palmes de même.*

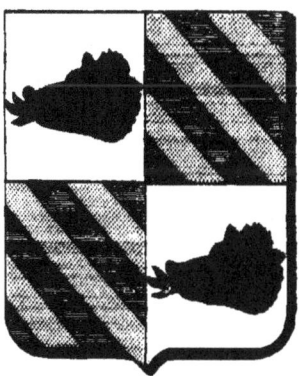

Bénigne-Charles FÉVRET de SAINT-MESMIN, né, le 26 mars 1739, de Charles-Marie Févret de Fontette, conseiller au Parlement, et d'Étiennette Rémond, fut pourvu de la charge de conseiller laïque vacante par la mort de

Pierre-Bernard-Philibert Espiard de La Cour, son oncle, avec dispenses d'âge et de parenté à cause de son père, et fut reçu le 26 juin 1759.

Il épousa, le 25 mai 1768, à Léogane, ville de Saint-Domingue, Victoire, fille de Jean-Baptiste DE MOTMANS, procureur général à Port-au-Prince, et de N... de Beauval.

M. de Saint-Mesmin est mort au Cap-Français, le 12 août 1802, laissant un fils, aujourd'hui conservateur du Musée de Dijon.

ARMES : *écartelé, aux 1 et 4 d'argent, à une hure de sanglier arrachée de sable, armée d'argent et lampassée d'une flamme de gueules ; aux 2 et 3 d'azur, à trois bandes d'or.*

JEAN-FRANÇOIS VINCENT DE MONTARCHER, seigneur de Montarcher, né, le 14 septembre 1730, de François Vincent, seigneur de Montarcher et de La Faye, et de Rose Caze, fut pourvu de l'office de conseiller laïque vacant par la mort d'Antoine-Claude Verchère d'Arcelot, et fut reçu le 8 août 1760. Le 11 février 1771, il fut nommé premier président et intendant de Saint-Domingue.

Il avait épousé, le 3 juin 1759, Perrine-Françoise, fille de François PAPAREL et de Marie-Thérèse Deshommets de Bonneville.

M. de Montarcher est mort à Paris le 13 mars 1783.

ARMES : *écartelé, aux 1 et 4 de gueules, à trois bandes d'argent ; au chef d'hermine ; aux 2 et 3 d'azur, au chevron accompagné de deux besants en chef et d'un lion en pointe, le tout d'or.*

Jean LEMULIER de BRESSEY, né, le 19 décembre 1739, de Jean-François Lemulier de Bressey, conseiller au Parlement, et de Claudine Arcelot de Charodon, fut pourvu d'un office de conseiller laïque sur la résignation de son père, et fut reçu le 3 mars 1761, avec dispense d'âge.

M. de Bressey épousa, le 9 septembre 1777, Claudine-Charlotte, fille de Lazare Coujard de La Verchère, et de Louise Venot, et fut nommé premier député de la noblesse du bailliage de Dijon aux États généraux de 1789.

Il est mort à Dijon le 26 mai 1799, sans postérité masculine. M. Lemulier, aujourd'hui représentant de la Côte-d'Or, est de la même famille.

Armes : *d'azur, à deux cigognes d'argent affrontées.*

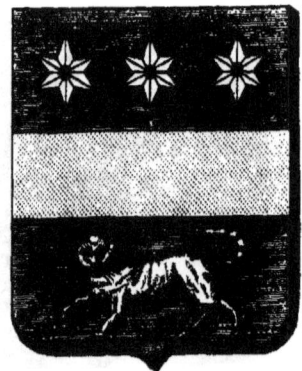

Louis-Étienne LORENCHET de MELONDE, naquit à Beaune, de Pierre Lorenchet de Melonde et d'Anne Quarré de Gergy. Pourvu d'un office de conseiller laïque, sur la résignation de Jean-Claude Perreney de Grosbois, qui fut promu à la dignité de premier président du parlement de Besançon, il fut reçu le 12 janvier 1762.

Ce magistrat épousa, le 7 décembre 1767, sa cousine germaine, fille de Louis Gouget-Duval, conseiller-maître en la chambre des comptes de Dijon, et de Jeanne Lorenchet, et mourut sans postérité en 1797. Sa famille n'est point éteinte. M. Lorenchet de Montjamont, aujourd'hui président du tribunal civil de Dijon, est son neveu à la mode de Bretagne.

Armes : *d'azur, à la fasce d'or, accompagnée en chef de trois molettes d'éperon d'argent, et en pointe d'un chat léopardé de même.*

Devise : Ubi oculus, ibi amor.

Jean-Baptiste de BEUVERAND, né à Chalon-sur-Saône, le 12 juillet 1740, de Joseph de Beuverand et de Philiberte Quarré de Livron. Il fut pourvu d'un office de conseiller laïque, sur la résignation de Jean-Baptiste-François Jehannin de Chamblanc, en vertu de lettres de provisions du mois de décembre 1761, contenant dispense d'âge, et fut reçu le 18 janvier 1762.

M. de Beuverand épousa, le 17 décembre 1769, Marie, fille d'Antoine Simonnot et de N... Cybert.

Il est mort à Chalon-sur-Saône le 22 mars 1808. Sa famille subsiste.

Armes : *d'azur, au bœuf passant d'or, couronné de gueules.*

Jean-Marie BÉGIN D'ORGEUX, né à Dijon, le 4 février 1736, de Jacques Bégin d'Orgeux et de Marie Léauté de Grissey. Il fut pourvu de l'office de conseiller laïque vacant par la mort de Claude-Philippe de La Loge de Broindon, en vertu de lettres de provisions du 8 octobre 1762, et fut reçu le 8 mars 1763.

M. Bégin d'Orgeux épousa, le 8 janvier 1781, Pierrette, fille d'Étienne Burignot, lieutenant-général au bailliage de Chalon-sur-Saône, et de Jeanne de La Folie.

Ce magistrat est mort à Dijon le 18 octobre 1803.

Armes : *de gueules, au bœuf saillant d'argent, accompagné en chef de deux étoiles de même.*

Melchior-Bénigne-Marie COCHET du MAGNY, prêtre, chanoine de la Sainte-Chapelle du Roi à Dijon, seigneur de La Chaussette, né, le 25 mars 1732, de Claude-Bernard Cochet du Magny, conseiller au parlement de Metz, et de Catherine-Thérèse Perrin de Cypierre. Il fut pourvu d'un office de conseiller clerc, sur la résignation de Louis-Henri Filzjan de Sainte-Colombe, en vertu de lettres de provisions du 30 mars 1763, et fut reçu le 18 avril suivant.

M. Cochet du Magny avait formé une très-belle bibliothèque. Il est l'auteur des *Annales du monde depuis le déluge jusqu'au gouvernement d'Othoniel, premier juge des Hébreux* (Strasbourg, 1788, in-8°), et d'un grand travail sur la *Chronologie des rois d'Égypte*, dont une partie seulement a été imprimée.

Ce magistrat est mort à Dijon le 24 décembre 1791.

Armes : *d'argent, au coq de gueules.*

Guillaume RAVIOT, né, le 11 octobre 1739, de Bénigne Raviot et de Pierrette Piffond, fut pourvu d'un office de conseiller laïque, sur la résignation de Jean-Marie Bouhier-Bernardon, en vertu de lettres de provisions du 30 mars 1763, contenant dispense d'âge, et fut reçu le 18 avril suivant. Il était petit-fils de Guillaume Raviot, écuyer, avocat et conseil des états de Bourgogne, auteur des *Observations sur le recueil des arrêts notables du Parlement*, par Étienne Périer, et qui mourut le 5 octobre 1751, à l'âge de quatre-vingt-trois ans.

M. Raviot fut maire de Dijon depuis l'année 1770 jusqu'au 1er janvier 1784, époque à laquelle il fut nommé receveur général des finances de Bourgogne.

Il épousa, le 3 février 1773, Anne, fille de Claude-Philibert Arnoux de Ronfand et d'Anne-Valérienne Niepce (de Sennecey). Sa famille subsiste.

Armes : *d'azur, au chien braque d'argent.*

Claude-Denis-Marguerite RIGOLEY, né à Dijon, le 5 mai 1742, de Jean Rigoley de Puligny, premier président de la chambre des comptes de Dijon, et de Philiberte-Françoise de Siry. Il fut pourvu de l'office de conseiller laïque vacant par la mort de Charles Perreney d'Athézan, en vertu de lettres de provisions du 23 février 1763, contenant dispense d'âge, et fut reçu le 7 juillet suivant, sans examen. On voulut bien lui faire cette faveur parce qu'il avait été reçu et installé dans la charge de premier président de la chambre des comptes de Dijon, au mois de janvier 1759, à la condition de se faire pourvoir d'un office de conseiller au Parlement, quand il aurait atteint l'âge de vingt-un ans, et de l'exercer jusqu'à vingt-sept ans. Il succéda, en effet, à son père, en 1769, et mourut le 2 septembre de la même année, sans avoir été marié.

Armes : *d'azur, au chevron d'or, accompagné de deux étoiles de même en chef, et d'un faisan aussi d'or en pointe.*

François-Marie QUARRÉ, seigneur de Monay, né, le 8 avril 1739, de N... Quarré, seigneur de Monay et de Gratoux, président premier au présidial d'Autun, et de N... Thomas. Il fut pourvu de l'office de conseiller commissaire aux requêtes du palais, vacant par la mort de Pierre Léaulté, et fut reçu avec dispense d'âge le 7 janvier 1764.

Ce magistrat mourut sans alliance, le 13 janvier 1767, et son office fut supprimé par lettres registrées le 2 juillet de la même année.

Armes : *échiqueté d'argent et d'azur; au chef d'or, chargé d'un lion léopardé de sable.*

Cimier : *un lion naissant de sable.*

Jean-Philippe FYOT de DRACY, né, le 7 août 1744, de Jacques-Philippe Fyot, comte de Neuilly, conseiller garde des sceaux au Parlement, envoyé extraordinaire à Gênes, et de Judith Thomas. Il fut pourvu de l'office de conseiller laïque vacant par la mort de Nicolas Thomas, son aïeul maternel, en vertu de lettres de provisions du 1er juillet 1765, contenant dispense d'âge, et fut reçu le 9 août suivant.

M. Fyot de Dracy avait épousé, le 29 mars 1764, Judith, fille de Barthélemi Joly de Drambon et de N... Legouz de Saint-Seine.

Il est mort à Dijon le 13 juillet 1774, et a été inhumé à Saint-Michel, laissant un fils en qui a fini le nom de Fyot de La Marche. (Voir ci-dessus, page 3.)

Armes : *écartelé, aux 1 et 4 d'azur, au chevron d'or, accompagné de trois losanges de même : aux 2 et 3 de sable, à trois bandes d'or.*

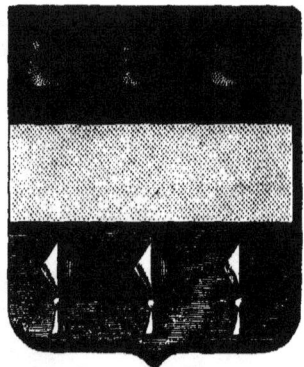

Antoine ESMONIN de DAMPIERRE, seigneur de Dampierre, né, le 22 janvier 1744, d'Antoine Esmonin, colonel et commissaire provincial de l'artillerie de France, et de Françoise Gauthier. Il fut pourvu de l'office de conseiller laïque vacant par la mort de Philibert Verchère d'Arcelot, en vertu de lettres de provisions du 7 mai 1766, contenant dispense d'âge, et fut reçu le 25 juin suivant.

Par lettres du 18 janvier 1772, il fut nommé président au parlement Maupeou, et reçu dans cette charge le 29 du même mois. Il se retira en 1776, après la réorganisation du Parlement.

Par décret impérial du mois d'avril 1811, il fut nommé l'un des présidents près la cour d'appel de Dijon, et exerça ces fonctions jusqu'au mois d'avril 1813.

M. de Dampierre avait épousé, le 10 juillet 1770, Claudine-Catherine, fille de Jacques de Laramisse, ancien maire d'Auxonne, et de Catherine Maillard, et est mort sans postérité masculine.

Armes : *tiercé en fasce, au 1 de sable, à trois merlettes d'or ; au 2 d'or plein ; et au 3 d'azur, à trois fers de lance d'argent.*

Charles-Claude DÉVOYO, né, le 29 décembre 1745, de Bernard Dévoyo, avocat, et de Jeanne Desbarres, fut pourvu d'un office de conseiller commissaire aux requêtes du palais, sur la résignation de Jules-François Pérard, par lettres du 4 juin 1766, avec dispense d'âge, et fut reçu le 30 du même mois. En 1770, il passa à un office de conseiller laïque au même parlement.

M. Dévoyo épousa, le 30 novembre 1772, N... Baudot, fille de N... Baudot et de N... Larcher, et mourut à Constance en 1797.

Armes : *d'argent, au chevron de gueules, accompagné de trois merlettes de sable.*

Alexandre-André GIRAU de VESVRES, naquit, le 5 octobre 1744, de Gilbert-François Girau de Vesvres, lieutenant civil au bailliage de Montcenis, et d'Ursule Bon.

Il fut pourvu de l'office de conseiller laïque vacant par la mort de Pierre-François Cottin de Joncy, en vertu de lettres de provisions du 16 juillet 1766, contenant dispense d'âge, et fut reçu le 2 août suivant.

Ce magistrat est mort sans alliance à Dijon, le 13 janvier 1789.

ARMES : *d'argent, à la fasce de gueules, chargée d'un croissant d'argent, et accompagnée de trois trèfles de sinople.*

Étienne **GENREAU**, prêtre, chanoine de l'église cathédrale de Dijon, prieur commendataire du prieuré royal de Notre-Dame de Bonvaux, naquit à Dijon, le 28 septembre 1719, de Nicolas-Pierre Genreau, avocat général au Parlement, et d'Anne Violet. Pourvu de l'office de conseiller clerc vacant par la mort de Jean-Léonard Bureau de Livron, en vertu de lettres de provisions du 30 juillet 1766, il fut reçu le 7 août suivant.

L'abbé Genreau est mort à Dijon le 26 mai 1793.

Armes : *d'azur, au tournesol d'or à l'aspect d'un soleil de même, posé à l'angle dextre du chef de l'écu.*

Étienne-Louis CHAMPION de NANSOUSTHIL, né, le 25 août 1749, d'Étienne-Marie Champion, seigneur de Nansousthil, Chausserosse et Montigny, et de Jeanne-Marie Filzjan de Talmay, fut pourvu d'un office de conseiller laïque, sur la résignation de Michel-Joseph Cœurderoy, qui fut promu à la dignité de premier président de la cour souveraine de Nancy. Les lettres de provisions de cette charge lui furent expédiées le 25 juillet 1768, avec des dispenses d'âge et de parenté, à cause de Pierre Filzjan de Talmay, conseiller, son oncle maternel, et il fut reçu le 6 août de la même année.

M. de Nansousthil épousa, le 3 avril 1780, Andrée-Marie, fille d'André-Philibert Quarré de Russilly, chevalier de Saint-Louis, et de Jeanne Gourion.

Ce magistrat est mort le 7 septembre 1785. Sa famille n'est pas éteinte.

Armes : *d'azur, à un homme armé et cuirassé d'or, tenant une épée et un bouclier de même.*

Frédéric-Henri RICHARD de RUFFEY fut pourvu d'un office de conseiller laïque, en remplacement de Jean-Baptiste-Claude Suremain de Flamerans, démissionnaire. Les lettres de provisions de cette charge lui furent expédiées le 25 juillet 1768, avec dispense d'âge, et il fut reçu le 8 août suivant.

Il passa plus tard à une charge de président.

Voir plus haut l'article qui le concerne, au chapitre des présidents, page 14.

Antoine-Louis VERCHÈRE D'ARCELOT a été reçu conseiller laïque, le 26 novembre 1768, en remplacement de Louis-Marie-Nicolas d'Arlay, et a passé, en 1777, à une charge de président.

Voir plus haut l'article qui le concerne, au chapitre des présidents, page 16.

Louis FARDEL DE DAIX, né, le 10 février 1747, de Bénigne Fardel de Daix, président aux requêtes, et de Marie Boillaud de Fussey, fut pourvu de l'office de conseiller au Parlement, président aux requêtes du palais, vacant par la démission de son père, et fut reçu le 10 avril 1769.

M. de Daix épousa, le 24 octobre 1774, Jeanne-Chamtal, fille de Claude SEGUIN DE LEUSEUL, conseiller-maître en la cour des comptes de Dijon, et de Jeanne Gauthier. Il est mort à Ambournay (Ain), le 13 janvier 1822, laissant des Mémoires inédits sur la Révolution, dont le manuscrit est aujourd'hui entre les mains de M. Louis de Cissey, son petit-neveu.

Sa famille s'est éteinte dans la personne de son frère Félix-Marie Fardel de Verrey, ancien officier à l'armée de Condé, chevalier de Saint-Louis, qui est mort à Lyon sans postérité, le 18 février 1841. M. de Verrey avait épousé, avant 1793, Anne-Sybille-Rosalie, fille de Claude-Espérance, marquis de Regnauld, seigneur de Bellescize, etc., mestre de camp de dragons, chevalier de Saint-Louis, ancien prévôt des marchands de la ville de Lyon, dernier commandant du château de Pierre-Scize, et de Marie-Alix Millanois.

ARMES : *de gueules, à trois bandes d'argent.*

Jean CHIQUET de CHAMPRENARD, né, le 5 novembre 1745, de Claude Chiquet et de Catherine Teissier, fut pourvu de l'office de conseiller commissaire aux requêtes du palais, vacant par la démission de Jean Cœurderoy, en vertu de lettres de provisions du 15 mars 1769, contenant dispense d'âge, et fut reçu le 25 avril de la même année.

Ce magistrat avait été reçu précédemment, au mois de juillet 1765, avocat général à la table de marbre de Paris. Il est mort dans cette ville le 13 juillet 1789.

Armes : *d'azur, au chevron d'or, accompagné de trois roses d'argent ; au chef échiqueté d'or et de gueules de trois traits.*

Charles-Claude DÉVOYO, reçu dans un office de conseiller commissaire aux requêtes du palais, le 30 juin 1766, fut reçu de nouveau dans l'office de conseiller laïque vacant par la mort de Jacques Vitte, doyen de la Cour, le 13 mars 1770.

Voir plus haut l'article qui le concerne, page 100.

Jean-Antoine RAVIOT, né le 7 juillet 1747, fut pourvu d'un office de conseiller laïque, sur la résignation de Guillaume Raviot, son frère, et fut reçu le 20 mars 1770, avec dispense d'âge.

Il épousa, le 11 février 1783, Marie-Thérèse, fille de Jean-Baptiste Hélyotte et d'Anne-Thérèse Nardot.

Voir plus haut l'article de son frère, page 95.

Armes : *d'azur, au chien braque d'argent.*

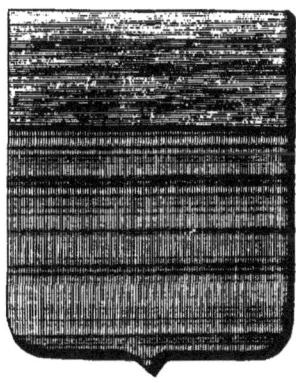

François-Louis MAYOU d'AUNOY, né, le 4 février 1749, de Louis Mayou, seigneur d'Aunoy et du Thil, substitut du procureur général au parlement de Paris, et de Marie-Magdeleine Bourgeot, fut pourvu, avec dispense d'âge, de l'office de conseiller laïque vacant par la mort de Jean Villedieu de Torcy, et fut reçu le 25 juin 1770. Au mois d'avril 1774, il fut nommé maître des requêtes.

Armes : *de gueules, au chef cousu d'azur.*

Benjamin-Edme NADAULT, né à Montbard, le 19 janvier 1748, de Jean Nadault, avocat général à la chambre des comptes de Dijon, et de Jeanne-Louise de Rivière. Il fut pourvu de l'office de conseiller commissaire aux requêtes du palais, vacant par la promotion de Charles-Claude Dévoyo à une charge de conseiller au Parlement. Les lettres de provisions, contenant dispense d'âge, lui en furent expédiées le 23 mai 1770, et il fut reçu le 3 juillet suivant.

M. Nadault épousa, le 24 juillet 1770, sa cousine germaine, Catherine-Antoinette, fille de Benjamin-François Leclerc de Buffon, alors conseiller honoraire au Parlement, et d'Antoinette Nadault.

Rentré dans la vie privée en 1779, il vint habiter Montbard, où il s'entoura d'un grand nombre d'artistes distingués. En 1780, il contribua, comme élu des états de Bourgogne, à l'acquisition de la belle collection de plâtres moulés sur l'antique qui enrichit le musée de Dijon.

Ce magistrat est mort à Montbard, le 17 février 1804, laissant deux fils et une fille. Sa famille subsiste.

Armes : *écartelé, aux 1 et 4 d'argent plein ; aux 2 et 3 d'azur, à trois haches consulaires d'or, posées en pal, 2 sur le 2ᵉ quartier et 1 sur le 3ᵉ ; sur le tout une bande de gueules, chargée de trois étoiles d'argent.*

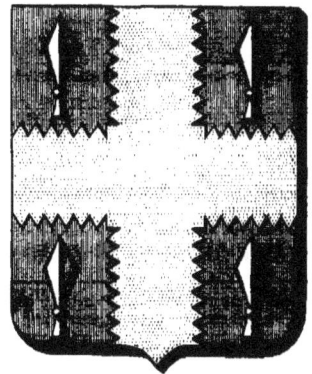

Bénigne-Bernard LEGOUZ de SAINT-SEINE, né, le 30 mars 1750, de Bénigne Legouz de Saint-Seine, premier président du Parlement, et de Marguerite-Philiberte Gagne de Perrigny, fut pourvu de l'office de conseiller laïque vacant par la mort de Claude-Denis-Marguerite Rigoley, par lettres données à Compiègne, le 8 août 1770, contenant dispenses d'âge et de parenté à cause de son père, et de Charles de Brosses, président, son beau-frère. Il fut reçu le 11 décembre 1770, et mourut sans alliance à Gray, au mois d'octobre 1774.

Armes : *de gueules, à la croix endentée d'or, cantonnée de quatre fers de lance d'argent.*

CHAPITRE VIII.

SUPPRESSION DU PARLEMENT, INSTALLATION D'UNE NOUVELLE MAGISTRATURE.

Nous voici arrivés maintenant à cette grande révolution parlementaire qui amena en France la suppression de l'ancienne magistrature et fut le prélude de jours plus orageux encore. Deux pouvoirs rivaux étaient en présence : d'un côté, une cour fastueuse, prodigue et dissolue, toujours à bout de ressources financières, sans grandeur et sans dignité, et voulant néanmoins vivre des traditions du pouvoir absolu de Louis XIV ; de l'autre, des parlements nombreux, riches, puissants et instruits, forts de l'appui qu'ils trouvaient dans l'opinion publique, jaloux du droit que depuis deux siècles ils s'étaient arrogé de s'immiscer dans les questions politiques, et enveloppant la France entière comme dans un réseau, par leur entente parfaite et leurs secrètes communications. Quand la Cour irritée mandait à sa suite tantôt un parlement tout entier, tantôt seulement les principaux chefs de l'opposition, pour leur faire entendre des ordres et des réprimandes sévères, on lui opposait des remontrances acerbes que la presse rendait publiques, des refus de services et d'enregistrement des édits royaux, et enfin des démissions en corps. A cette lutte acharnée et déjà si longue, il fallait un terme ; un événement imprévu, qui prit tout-à-coup des proportions colossales, vint précipiter la crise et en amena le dénouement. « Les troubles de la Bretagne furent la goutte d'eau qui fit déborder le vase », comme le dit si bien M. Foisset, auquel nous empruntons la plupart des détails qui vont suivre.

Un neveu du maréchal de Richelieu, le duc d'Aiguillon qui, depuis 1753, était commandant en chef de la Bretagne, avait pris une part secrète aux tentatives infructueuses qui furent faites dans cette province, en opposition à la majorité de la Noblesse et du Parlement, pour le rétablissement des Jésuites. M. de La Chalotais, procureur général au parlement de Rennes, dénonça au ministre Choiseul les menées du Commandant : de là une haine profonde entre ces deux personnages. Le Duc, qui sentait parfaitement qu'il succomberait devant l'union de la Noblesse et du Parlement, obtint un ordre du Roi (12 octobre 1762), d'après lequel les résolutions réunies du Tiers-État et du Clergé devaient l'emporter sur celles de la Noblesse. Le Parlement, qui faisait cause commune avec celle-ci, réclama contre cette mesure, et, après une lutte fort longue, il finit par se brouiller complètement avec la Cour, en refusant le recouvrement des impôts. Il fut alors mandé tout entier à Versailles.

Là, le 15 mai 1765, il se vit sévèrement réprimandé par le Roi lui-même. A la suite de cet affront, soixante-et-dix-huit magistrats sur quatre-vingt-dix, envoyèrent leur démission, qui fut acceptée par le Roi. Cet événement ne fit qu'augmenter l'irritation des habitants de la Province, et, comme les tribunaux secondaires refusaient aussi de rendre la justice, un coup d'autorité parut nécessaire au Pouvoir. La Chalotais, son fils et trois conseillers au Parlement sont arrêtés dans la nuit du 10 au 11 novembre 1765. On les accuse d'avoir contrarié les opérations du commandant de la Bretagne, agissant d'après les ordres du Roi; et, sur le refus du parlement démissionnaire de connaître l'affaire, l'instruction en est confiée à une commission composée de trois conseillers d'État et de douze maîtres des requêtes.

Les cours souveraines du Royaume avaient déjà pris fait et cause pour le parlement de Rennes; elles adressent alors des remontrances plus nombreuses et plus vives. Mais tout est inutile; on venait de retrouver dans les papiers de La Chalotais la preuve des liens occultes qui unissaient les parlements entre eux. Cette découverte avait porté à son comble l'irritation du Pouvoir, qui n'hésita plus dès-lors dans ses projets de vengeance. Le parlement de Pau est cassé et recomposé, malgré l'inamovibilité de la magistrature. Un nouveau parlement est également institué à Rennes; quarante-deux magistrats démissionnaires consentent à en faire partie.

Le coup était porté. Le 3 mars 1766, a lieu à Paris cette fameuse séance royale connue sous le nom de *flagellation*, dans laquelle tous les parlements eurent à entendre de sévères paroles de la part de Louis XV, qui alla jusqu'à dire *qu'il avait fait son serment à Dieu et non à la Nation*.

Mais, au moment où le Pouvoir semblait montrer le plus de fermeté, il change tout-à-coup de conduite. Par arrêt du 22 décembre 1766, le Roi révoque la commission chargée d'instruire l'affaire des prévenus de Rennes, et MM. de La Chalotais sont mis en liberté et exilés à Saintes. Ces tergiversations du Gouvernement ne firent qu'augmenter la résistance de la Noblesse aux volontés du duc d'Aiguillon, qui, à la suite des États de 1766, demanda lui-même son rappel. Cette retraite du commandant de la Province ne calma point les esprits; la noblesse bretonne continua à le poursuivre de ses attaques, et en 1769 l'ancien parlement, qui avait repris de lui-même l'administration de la justice, ordonna une information contre lui. Les témoins entendus, le ministère public allait donner ses conclusions, lorsqu'un arrêt du Conseil évoqua l'affaire au parlement de Paris. Le 4 avril 1770, la Cour ouvre sa première séance à Versailles, et le 2 mai suivant, dans une seconde séance, sur les conclusions du procureur général, elle ordonne une nouvelle information contre le duc d'Aiguillon. L'affaire devenait sérieuse; les charges étaient assez graves, le Duc était accusé d'avoir suborné des témoins, et, comme le dit M. Foisset, « la plainte en abus d'autorité impliquant, pour la justification de l'accusé, communication de sa correspondance avec les ministres, il devenait clair que le Gouvernement lui-même s'était, sans le vouloir, reconnu justiciable du Parlement. Il fallait sortir de ce défilé; Louis XV se fit apporter l'information, et six semaines après (27 juin 1770), il tint un lit de justice où, sous prétexte du respect dû aux ordres émanés du Trône et de l'animosité qui n'avait cessé d'éclater dans tout ce procès, il déclara qu'il arrêtait la procédure et imposait silence à toutes les parties. »

De retour à Paris, le Parlement prend de nouveau connaissance des pièces de ce procès, et rend un arrêt, le 2 juillet 1770, par lequel il suspend le duc d'Aiguillon de la Pairie jusqu'à ce que, « par jugement rendu en la cour des Pairs, dans les formes et avec les solennités prescrites par les lois et ordonnances du Royaume, il se soit pleinement purgé. » Le lendemain, un arrêt du Conseil casse celui du Parlement. Le Parlement fait des remontrances ; on ne l'écoute pas. « Toulouse et Bordeaux adhèrent à l'arrêt de Paris [1]. Rennes s'oublie jusqu'à renvoyer, sans les lire, les lettres patentes du Roi qui annulaient un de ses arrêts. Cet incident précipita la catastrophe parlementaire. » Les choses, en effet, ne pouvaient se prolonger de la sorte ; aussi, le 3 septembre, Louis XV tint à Versailles un second lit de justice, où le duc d'Aiguillon ne craignit pas de siéger en qualité de pair. Les pièces du procès furent remises entre les mains du Roi ; défense fut faite au parlement de Paris de communiquer avec les autres cours du Royaume, de cesser son service, de donner aucune démission en corps, et de rendre aucun arrêt suspensif des ordres du Gouvernement, le tout sous peine de désobéissance. Après cette séance, le Parlement, persistant dans ses arrêts contre le Duc, résolut de suspendre son service jusqu'à ce que le Roi l'eût écouté, et le Roi ne voulant pas y consentir tant que le Parlement n'aurait pas repris son service, un troisième lit de justice fut tenu à Versailles, le 7 décembre 1770, dans lequel le Roi renouvela les défenses qu'il avait faites le 3 septembre précédent. Le Parlement se refusa à l'enregistrement de cet édit qui le déshonorait, et ne voulut pas reprendre ses fonctions.

Il fallait en finir ; le coup d'état résolu depuis long-temps fut mis à exécution. Voici en quels termes M. Foisset rend compte de cette révolution qui précéda la réorganisation judiciaire en France :

« Dans la nuit du 19 au 20 janvier 1771, chaque parlementaire est éveillé par deux mousquetaires armés d'une lettre de cachet, portant injonction de s'expliquer incontinent par écrit, par *oui* ou par *non*, sur l'ordre de reprendre le service. On peut croire qu'on avait compté sur l'isolement des magistrats, sur leur surprise, sur la terreur et les larmes de leurs familles. Quarante seulement signent *oui*, mais se rétractent le lendemain. La nuit suivante, des huissiers signifient à tous les membres du Parlement, sans exception, un arrêt du Conseil qui déclare leurs charges confisquées ; et le jour d'après, des mousquetaires encore notifient à chaque magistrat le lieu de son exil. La plupart furent confinés dans leurs terres ; quelques-uns en des lieux choisis avec un raffinement de vexation qui peut, sans injustice, être taxé de cruauté. Le 24 janvier, Paris stupéfait regardait passer le Chancelier Maupeou, qui, escorté d'un détachement de cavalerie, allait installer le Conseil d'État au palais du Parlement. Un mois après, le nouveau tribunal enregistrait l'édit qui, dans l'ancien ressort de Paris, créait six conseils supérieurs (Arras,

---

[1] M. Foisset, *le Président de Brosses*, p. 208.

Châlon-sur-Marne, Blois, Lyon, Clermont et Poitiers), promettant de plus la suppression des épices et de la vénalité des charges, avec la simplification des procédures : autant de mesures successivement improvisées sous l'inspiration et pour le besoin des circonstances. Avec un plan préconçu, tous ces coups eussent été frappés à la fois. »

La destruction générale des parlements était donc résolue ; Besançon et Douay, sans avoir donné aucun prétexte, venaient d'être supprimés (18 août 1771) ; Dijon ne devait pas être plus ménagé que les autres. Le 13 juillet 1770, il avait fait brûler par la main du bourreau l'éloge du Chancelier, et, le 11 octobre 1771, il voyait, par représailles, ses arrêtés des 7 août 1770, 8 janvier, 4 février, 4 et 23 mars, et 1" mai 1771, cassés et annulés par lettres patentes et arrêts du conseil d'État, comme *contraires au respect dû à l'autorité royale, aux lois qui fixent les bornes et les pouvoirs des différents tribunaux, à la tranquillité publique et à l'intérêt des peuples.* Enfin, le 5 novembre 1771, toutes les chambres ayant été assemblées, il eut à enregistrer, du très-exprès commandement du Roi, porté par le marquis de La Tour-du-Pin, commandant en chef en Bourgogne, et par M. Amelot de Chaillou, intendant de la Province, commissaires de Sa Majesté à cet effet, un édit donné à Fontainebleau le 3 octobre précédent, portant suppression des offices de présidents, conseillers, avocats, procureurs généraux et substituts du Parlement de Dijon, sur ces motifs que *la distribution gratuite de la justice était due aux habitants du duché de Bourgogne comme aux habitants des autres provinces, et que le Parlement de Dijon avait droit à l'extinction de cette vénalité dont le maintien serait avilissant pour lui, quand elle avait cessé d'exister dans toutes les cours du Royaume.* Après cet enregistrement forcé, il fut remis à chacun des membres du Parlement, à l'exception du premier président, des gens du Roi et du greffier, un ordre du Roi qui leur enjoignait *de se retirer à l'instant chez eux, sans s'assembler ni recevoir personne, et d'y rester jusqu'à nouvel ordre.* On opéra sur les registres les radiations ordonnées par les lettres patentes du 11 octobre ; ces lettres patentes elles-mêmes furent transcrites, et, cela terminé, le premier président et les gens du Roi reçurent des lettres closes semblables à celles qui avaient été remises aux autres membres du Parlement.

Le lendemain, 6 novembre, les membres du nouveau Parlement ayant été expressément mandés à la séance par les mêmes commissaires du Roi, il fut procédé en leur présence, et du très-exprès commandement du Roi, à l'enregistrement d'un édit donné à Fontainebleau au mois d'octobre, portant création de quarante-quatre offices dans le Parlement de Dijon, pour un premier président, quatre présidents, deux conseillers présidents, trois conseillers clercs, trente-un conseillers laïques, un procureur général et deux avocats généraux, auxquels il était adjoint trois substituts. Les mêmes lettres patentes attribuaient des gages à ces officiers, et il leur fut enjoint par lettres closes d'avoir à entrer en fonctions du jour de l'enregistrement de l'édit de leur création. Cette nouvelle cour était divisée en **Grand'Chambre, Chambre de la Tournelle et Chambre des Enquêtes.**

Trente-sept membres de l'ancien Parlement, non compris les **gens du Roi**, étaient dénommés dans l'édit pour composer la nouvelle cour ; mais, comme sept de ces magistrats n'acceptèrent pas les fonctions qui leur étaient offertes, la Compagnie, dans ce premier moment, fut réduite à trente officiers, dont voici les noms :

PREMIER PRÉSIDENT.

M. Fyot de La Marche.

PRÉSIDENTS A MORTIER.

M. Chesnard de Layé. M. d'Anthès de Longepierre.

CONSEILLERS PRÉSIDENTS.

M. Fleutelot de Beneuvre. M. Lebault.

CONSEILLERS CLERCS.

M. Bureau de Saint-Pierre.
M. Bazin.
M. Genreau.

CONSEILLERS LAÏQUES.

M. Mairetet de Minot. M. Juillet de Saint-Pierre.
M. Barbuot. M. Guenichot de Nogent.
M. Févret de Fontette. M. Févret de Saint-Mesmin.
M. Gagne de Pouilly. M. Lorenchet de Melonde.
M. Filzjan de Sainte-Colombe. M. de Beuverand.
M. Varenne de Longvoy. M. Esmonin de Dampierre.
M. Mairetet de Thorey. M. Dévoyo.
M. de Macheco de Premeaux. M. Raviot.
M. de La Loge du Bassin. M. Mayou d'Aunoy.
M. Barbuot de Palaiseau. M. Richard de Ruffey.
M. de La Loge de La Fontenelle. M. Nadault.

GENS DU ROI.

M. Colas, *premier avocat-général*.
M. Pérard, *procureur-général*.
M. Guyton de Morveau, *second avocat-général*.

SUBSTITUTS.

M. Maléchard.
M. Voisin.
M. Calon.

Les magistrats qui refusèrent de faire partie du nouveau Parlement furent MM. Fleutelot de Marlien, Richard d'Escrots, Richard puîné, Girau de Vesvres, Fardel de Daix, Verchère d'Arcelot et Champion de Nansousthil.[1]

Nous ne pouvons résister ici au désir de laisser M. Foisset nous raconter, dans

---

[1] Nous empruntons ces détails et la liste ci-dessus à un manuscrit contemporain, que nous croyons être de la main de M. Colas, avocat-général, et qui appartient à M. Foisset.

son style si vrai et si concis, les détails pleins d'intérêt qu'il a recueillis sur l'existence du nouveau Parlement. Le lecteur nous saura gré de nous effacer derrière ce remarquable et consciencieux historien :

« Les faux parlements, comme on disait alors, ne se constituèrent d'abord qu'à grand'peine..... A Dijon, comme l'avait prédit M. de La Tour-du-Pin, l'exclusion donnée par le Chancelier au président de Brosses, dès longtemps regardé comme le véritable chef de sa compagnie, exclusion qui entraînait le refus du président de Saint-Seine, comme celui de MM. Cortois, de Martenet, Filzjan de Talmay et autres amis intimes du proscrit, avait compromis la recomposition du Parlement plus que tout le reste. Au dehors même, le déchaînement fut grand... Le plus vieil ami de M. de Brosses, M. Fyot de Neuilly, ancien ambassadeur à Gênes, ferma publiquement sa porte à son neveu le premier président. C'était là, comme on sait, l'excommunication du xviii° siècle. Frappé d'une réprobation presque générale, M. de La Marche résigna publiquement ses fonctions, en se réservant une pension de six mille livres, et mourut de douleur de la fausse position qu'il s'était faite. M. Févret de Fontette l'avait précédé dans la tombe, succombant aux mêmes regrets, sans presque avoir pris séance au nouveau tribunal, non plus que son fils.

» Toutefois le nom du Roi, puissant encore sur plusieurs, suffit pour retenir, dans le Parlement recomposé, des hommes honorables et quelques noms même des plus anciens de la magistrature bourguignonne. Une fois le premier feu essuyé, les *rémanents*, comme les appelaient les proscrits, firent bonne contenance. Un homme de beaucoup de causticité, M. Barbuot de Palaiseau, et deux des meilleures têtes de l'ancienne compagnie, le président de Layé et M. Lebault, étaient dans leurs rangs. Leurs collègues se recommandaient en général par les qualités qui font les bons juges, par la rectitude de sens, l'expérience des affaires et l'application. Ils s'adjoignirent quelques hommes d'une capacité notoire, quelques bourgeois de vieille roche, entre autres M. Calon, qui à l'héritage domestique d'une intégrité quatre fois séculaire devait une de ces illustrations toutes locales, plus rares à certains égards que la noblesse. Rien d'ailleurs ne réhabilita mieux le nouveau tribunal qu'une rapide expédition des affaires ; on convint qu'il jugeait plus vite et aussi bien que l'ancien Parlement ; ce genre de popularité n'était pas sans prix.

» Le premier acte de la compagnie renouvelée avait été une supplique, rédigée par M. Lebault, en faveur des exilés ; les magistrats conservés offraient de suffire une année durant à toutes les exigences du service, et demandaient avec instance qu'on ne pourvût à aucune vacance avant ce terme. Refusés par le Chancelier, ils ne procédèrent à la réception de nouveaux sujets que sur l'engagement formel pris par ceux-ci *de céder leur rang, même leur place, s'il était besoin, à ceux des anciens membres de la Compagnie auxquels le Roi pourrait permettre de rentrer dans le Parlement.* Plus tard même (mars 1772), ils risquèrent une démonstration d'indépendance en surséant à l'enregistrement d'un impôt, jusqu'à ce que l'édit qui l'établissait eût été communiqué aux élus de la Province. Mais ni ces velléités honorables, ni les morts dont on a parlé, ne désarmaient l'âpre censure des proscrits.

» *Prorsus fortuna in omni re dominatur*, s'était écrié le président de Brosses, en apprenant la démission de M. de La Marche et le nom de son successeur. M. Chesnard de Layé était en effet un magistrat de fortune, si cette usurpation de mots peut être permise. Simple avocat du Roi, puis lieutenant-général au bailliage de Mâcon, il s'était trouvé assez riche pour entrer dans une famille parlementaire par un mariage qui lui donna pour beau-frère le dernier des Bouhier. Après avoir successivement acheté une charge de conseiller et un mortier de président, un caractère absolu, une ambition sans issue, l'avaient jeté dans une opposition âcre et bourrue qui faisait de lui *le magistrat le plus furibond du Royaume*. Sans amis, sans protecteurs, il n'était que le cinquième du *grand banc*, lorsque la révolution de 1771, en accumulant, contre toute prévision, tant de retraites subites, incroyables, impossibles jusqu'alors, le mit à la tête de la nouvelle compagnie. Il rugit d'abord comme un tigre dans une cage de fer. Au sortir du palais, le 5 novembre, désigné déjà pour la recomposition du lendemain, comme il saluait le président de Brosses : *Monsieur*, lui dit sévèrement le proscrit, *je ne vous reconnais point! — Vous me reconnaîtrez bientôt*, répliqua M. de Layé. En effet, à la séance d'installation du faux Parlement, il voulut parler; on lui ferma la bouche avec une lettre de cachet. Le soir, il offrit sa démission, qui fut refusée, à l'en croire, avec menaces, s'il insistait, de le frapper dans l'avenir de ses enfants, jusqu'à la quatrième génération. Il y avait là, dit-on, je ne sais quel raffinement de vengeance du Chancelier qui, pour lui faire expier son opposition récente, l'enchaînait sur son siège comme à un pilori. Mais, la première honte bue, M. de Layé ne tarda pas à voir que tout roulait sur lui, et la gloriole fit taire tout le reste. Quand donc, par les dégoûts de M. de La Marche, le titre de premier président échut à celui qui en faisait les fonctions, comme au plus ancien, et tout à la fois au plus riche, au plus capable, M. de Layé s'en empara comme d'un patrimoine, aussi emporté dans sa servilité hautaine qu'il l'avait été dans son opposition. C'est alors que le président de Brosses lui fit une application poignante de ces paroles de Montaigne : *J'ay désiré avec passion d'estre chevalier de l'Ordre; j'y suis parvenu contre toute probabilité : je n'ay peu m'eslever jusqu'à l'Ordre, mais l'Ordre s'est abaissé jusqu'à moy.* »

Il est temps de revenir maintenant à la marche que nous avons suivie jusqu'ici dans notre ouvrage, et de donner les noms des différents magistrats qui firent partie du nouveau Parlement, en suivant l'ordre chronologique de leurs réceptions.

Jean-Hugues VIOLET de LA FAYE, né, le 20 août 1702, de N... Violet, président premier du présidial et gouverneur de la chancellerie de Bourgogne, et d'Anne Vauthier. Après avoir exercé pendant trente-cinq ans l'office de lieutenant-général au bailliage de Dijon, il fut pourvu d'un office de conseiller laïque dans le nouveau Parlement, par lettres du 2 décembre 1771, avec dispense d'alliance à cause d'Étienne Genreau, conseiller clerc, son neveu, et fut reçu le 11 du même mois.

Il est mort à Dijon au mois de septembre 1787.

ARMES : *d'azur, à la croix denchée d'or, cantonnée de quatre quintefeuilles de même.*

Guillaume-Augustin CALON, né, le 25 septembre 1730, de Jean-Augustin Calon, professeur en l'université de Dijon, et d'Anne-Ursule Papillon. Après avoir exercé pendant douze ans un office de substitut du procureur-général près le Parlement de Dijon, il fut pourvu d'un office de conseiller laïque près le nouveau Parlement, par lettres du 2 décembre 1771, et fut reçu le 11 du même mois.

Il épousa Élisabeth Roy, et mourut à Dijon le 13 janvier 1805.

Armes : *d'azur, à un demi chevron d'argent à dextre, soutenu par un lion de même, formant l'autre partie du chevron à sénestre.*

Marc-Antoine-Joseph JUILLET, né, le 30 mars 1729, de Valentin Juillet, seigneur du Bois-Saint-Pierre, et de Reine Leschenault, était lieutenant-général près la table de marbre du palais, lors de la suppression de cette juridiction (5 novembre 1771). Il fut pourvu d'un office de conseiller laïque près le nouveau Parlement, par lettres du 2 décembre 1771, avec dispense de parenté à cause d'Antoine Juillet de Saint-Pierre, conseiller, son frère, et fut reçu le 11 du même mois.

Voir l'article de son frère, page 81.

Armes : *d'azur, à deux gerbes d'or passées en sautoir.*

Devise : Aurea messis erit si bene cultus ager.

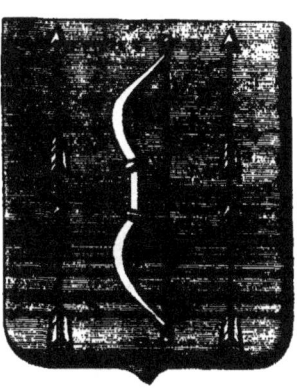

Jean-Baptiste ARNOULT, né, le 22 octobre 1740, de Jean-Marie Arnoult, doyen de l'université et conseil des états de Bourgogne, et d'Anne Girod, fut pourvu d'un office de conseiller laïque près le nouveau Parlement, par lettres du 2 décembre 1771, et fut reçu le 11 du même mois. Il était alors trésorier de France au bureau des finances de Bourgogne; il devint plus tard contrôleur de la maison du roi Louis XVI, et enfin fermier général.

M. Arnoult épousa, le 13 février 1773, Louise-Henriette, fille de Pierre Florin de Montpatey, chevalier de Saint-Louis, major du régiment de Rouergue, et de N... La Fouge de Franchemont.

Il est mort à Paris, le 20 novembre 1815, laissant un fils, M. Stéphen Arnoult, aujourd'hui vivant et honorablement connu dans la littérature.

Armes : *d'azur, à un arc tendu d'argent mis en pal, accompagné de quatre flèches de même, deux de chaque côté, posées aussi en pal, l'une au dessus de l'autre, la pointe en haut.*

CHRÉTIEN-GASPARD DE **MACHECO DE PREMEAUX**, qui était conseiller laïque depuis le 13 juin 1749, fut reçu président à mortier dans le nouveau Parlement, le 12 décembre 1771.

Voir plus haut l'article qui le concerne, page 73, où il s'est glissé une erreur sur la date de sa réception comme président à mortier dans le nouveau Parlement.

JEAN **REGNAULT**, né, le 6 juin 1717, de N... Regnault et de N... Pourcher, fut pourvu d'un office de conseiller laïque près le nouveau Parlement, par lettres du 5 décembre 1771, et fut reçu le 16 du même mois. Il était alors doyen des conseillers à la table de marbre du palais.

ARMES : *d'azur, au cerf d'argent, passant sur une terrasse de même.*

Hubert-Joseph PASQUIER de VILLARS, seigneur de Villars, Segrois et Messange, né, le 10 septembre 1717, de Jean Pasquier, président trésorier de France au bureau des finances de Bourgogne, et de Jeanne Boillot. Après avoir été longtemps trésorier de France, il fut pourvu d'un office de conseiller laïque près le nouveau Parlement, par lettres du 13 décembre 1771, et fut reçu le 20 du même mois.

Il avait épousé, au mois de janvier 1749, Marguerite, fille de Jean-Bernard Boillot de Corcelotte, trésorier de France, et de N... Lambert.

Ce magistrat est mort au château de Villars, commune de Meuilley, le 28 mai 1790.

Armes : *d'azur, au chevron d'or, accompagné de trois étoiles d'argent ; au chef de même, chargé de trois roses de gueules.*

Jacques DURAND de SALIVES, seigneur de Salives et du Meix, chevalier de l'ordre royal et militaire de Saint-Louis, né, le 14 octobre 1726, de Pierre Durand du Meix, mestre de camp de cavalerie, et de Louise Fournier de Chauvirey. Il fut pourvu d'un office de conseiller laïque près le nouveau Parlement, par lettres du 16 décembre 1771, et fut reçu le 3 janvier 1772.

Armes : *d'argent, au chevron de gueules, accompagné de trois coquilles d'azur.*

Jean-Chrétien de MACHECO, né, le 21 mars 1752, de Chrétien-Gaspard de Macheco de Premeaux, président à mortier dans le nouveau Parlement, et de Guyotte-Marie-Théodorine Lenet de Larrey, fut pourvu d'un office de conseiller laïque près le nouveau Parlement, par lettres du 29 novembre 1771, avec dispenses d'âge et de parenté à cause de son père, et fut reçu le 7 janvier 1772.

M. de Macheco épousa à Riom, au mois de décembre 1772, Gilberte, fille de N... Dagonneau de Marcilly et de N... Pélissier.

Il est mort à Riom, au mois de décembre 1803.

Armes : *d'azur, au chevron d'or, accompagné de trois têtes de perdrix arrachées de même.*

Supports : *deux coqs.*

Cimier : *une tête de coq.*

Devise : J'ai bon bec et bon ongle.

Pierre-Anne COEURDEROY, chanoine de l'église cathédrale de Dijon, né, le 8 septembre 1747, de Jean Cœurderoy, conseiller au Parlement, et d'Anne Arthaud, fut pourvu d'un office de conseiller laïque près le nouveau Parlement, par lettres du 24 décembre 1771, contenant les dispenses nécessaires pour exercer un office de conseiller laïque quoiqu'il fût ecclésiastique. Il a été reçu le 11 janvier 1772.

Armes : *d'azur, au cœur couronné d'or, accosté de deux palmes de même.*

François-Bernard GAUVAIN de VIRIVILLE, né, le 17 janvier 1739, de Jean-Edme Gauvain et de Marie Arthaud, fut pourvu d'un office de conseiller laïque près le nouveau Parlement, par lettres du 31 décembre 1771, et fut reçu le 11 janvier 1772.

Il épousa, en 1779, Marie-Thérèse, fille de François Courtot de Millery et de Françoise Bourgeois.

Ce magistrat est mort le 31 décembre 1805. Son souvenir est cher à la ville de Beaune; il a fait une donation très-importante à l'hospice de la Charité de cette ville et a légué près de 2,000 volumes à la bibliothèque publique.

Armes : *écartelé, aux 1 et 4 d'azur, à deux fleurs tigées d'argent, naissantes d'un croissant de même : aux 2 et 3 d'azur, au bâton noueux et alésé d'or, mis en bande.*

Antoine **ESMONIN de DAMPIERRE**, qui était conseiller depuis le 25 juin 1766, a été pourvu d'un *office* de président à mortier dans le *nouveau* Parlement, par lettres du 18 janvier 1772. Il fut reçu le 29 du même mois.

Voir plus haut l'article qui le concerne, page 99.

A cette époque, le nouveau Parlement s'est trouvé complet.

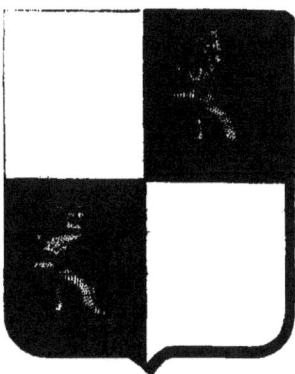

Jacques-Joseph **BALAY**, né, le 12 novembre 1722, de Jacques Balay, avocat, et de Louise Favre, fut pourvu d'un office de conseiller laïque près le nouveau Parlement, par lettres données à Versailles le 17 février 1772, en remplacement de Jean-Baptiste Gagne de Pouilly, démissionnaire.

Armes : *écartelé, aux 1 et 4 d'argent plein ; aux 2 et 3 de sable, au lion d'or.*

Augustin-François LE BELIN d'URCY, seigneur de Châtellenot et de Dionne, né, le 9 septembre 1746, d'André Le Belin, conseiller maître des comptes, seigneur de Montculot, Arcey et Visy, et de Jeanne de La Loge de Châtellenot. Il fut pourvu d'un office de conseiller laïque près le nouveau Parlement, par lettres données à Versailles le 1ᵉʳ mars 1772, en remplacement d'Antoine Esmonin de Dampierre, qui fut nommé président à mortier.

Armes : *de sinople, à trois béliers accornés d'argent, les deux du chef sautants et affrontés, et celui de la pointe posé en pied.*

Pierre-Anne CHESNARD de LAYÉ, qui était conseiller depuis le 2 mai 1747, et président depuis le 15 juin 1751, fut nommé premier président du nouveau Parlement, le 27 avril 1772, en remplacement de Jean-Philippe Fyot de La Marche, démissionnaire.

Voir plus haut les articles qui le concernent, pages 9 et 67.

Claude-Louis de LA LOGE de LA FONTENELLE, qui était conseiller depuis le 1ᵉʳ mars 1751, a été pourvu d'un office de président à mortier dans le nouveau Parlement, par lettres du 8 juillet 1772, et reçu le 11 du même mois, en remplacement de Pierre-Anne Chesnard de Layé, nommé premier président.

Voir plus haut l'article qui le concerne, page 76.

Jean-Baptiste-Théodore FOLIN, marquis de Folin, né, en 1730, de François Folin, marquis de Folin, seigneur de Villecomte, Vernot et Mortières, et de Bénigne Gagne de Pouilly. Il fut pourvu d'un office de conseiller laïque près le nouveau Parlement, par lettres du 30 juillet 1772, et fut reçu le 12 août suivant, en remplacement de Claude Varenne de Longvoy, qui donna sa démission, pensant que l'office de conseiller laïque était incompatible avec celui de garde des sceaux.

M. de Folin est mort à Erlang, en Franconie, le 23 janvier 1815.

Armes : *de gueules, au hêtre d'or, accompagné en pointe d'un croissant d'argent.*

Devise : Folium ejus numquam defluet.

Denis-Joseph SIMON de GRANDCHAMP, né, le 28 septembre 1734, de Jean-Baptiste Simon, seigneur de Grandchamp, Soussey et Martrois, président au bureau des finances, et de Reine Millard. Il fut pourvu d'un office de conseiller laïque près le nouveau Parlement, par lettres du 30 juillet 1772, en remplacement de Charles-Marie Févret de Fontette, décédé, et fut reçu le 12 août suivant.

Armes : *d'azur, à la tour d'argent.*

Barthélemi-Jacques LECLERC de SAINT-DENIS, né, le 27 octobre 1748, de Claude Leclerc, baron de Saint-Denis, et de Marguerite Dervieu de Vilieu, fut pourvu d'un office de conseiller laïque près le nouveau Parlement, par lettres du 30 juillet 1772, avec dispense d'âge, en remplacement de Claude-Louis de La Loge de La Fontenelle qui passa à un office de président. Il fut reçu le 12 août suivant.

Armes : *d'azur, au chevron d'or, accompagné de trois croissants d'argent.*

Hubert-François LETORS de THORY, né à Avallon, le 19 décembre 1737, d'Edme-Bernard Letors, conseiller à la cour des monnaies de Paris, et de Bénigne Laureau, a été pourvu d'un office de conseiller laïque près le nouveau Parlement, par lettres données à Compiègne, le 5 août 1772, et fut reçu le 2 novembre suivant, en remplacement de Bénigne-Charles Févret de Saint-Mesmin, démissionnaire.

Armes : *d'azur, au chevron d'or, accompagné en chef de deux croissants d'argent, et en pointe d'une étoile de même.*

Claude QUARRÉ du PLESSIS, né, le 10 juillet 1750, de Blaise Quarré, seigneur du Plessis, et de Marthe Laison, a été pourvu d'un office de conseiller laïque près le nouveau Parlement, par lettres données à Marly le 23 juillet 1774, avec dispenses d'âge et de service, et a été reçu le 9 août suivant, en remplacement de François-Louis Mayou d'Aunoy, nommé maître des requêtes.

Armes : *échiqueté d'argent et d'azur ; au chef d'or, chargé d'un lion léopardé de sable.*

CHAPITRE IX.

RÉTABLISSEMENT DU PARLEMENT; SUITE DE LA BIOGRAPHIE DES CONSEILLERS.

Louis XV mort, Maupeou renvoyé, un des premiers actes de Louis XVI, *de ce roi honnête homme qui voulait être aimé*, fut de prononcer solennellement, dans un lit de justice tenu à Versailles, le 12 novembre 1774, le rétablissement du parlement de Paris. Rouen, Douay, Rennes, Aix, virent successivement rentrer leurs anciens magistrats ; le Parlement de Dijon, par une lettre du 17 novembre 1774, réclama la même faveur ; elle lui fut accordée.

Le 3 avril 1775, M. de La Tour-du-Pin, commandant pour le Roi en Bourgogne, et M. Feydeau de Marville, conseiller d'État, procédèrent à l'enregistrement de trois édits royaux donnés à Versailles au mois de mars précédent : le premier portait révocation de l'édit du mois d'octobre 1771 et rétablissait les offices du Parlement de Bourgogne ; le second contenait un règlement pour l'administration de la justice dans le même Parlement, et enfin le troisième portait ampliation de pouvoir pour les présidiaux.

Une satisfaction générale accueillit cet événement ; des pièces de vers, des fêtes publiques le célébrèrent à l'envi. Mais une fois ce premier moment d'ivresse passé, le Parlement reprit avec calme ses fonctions, et, jusqu'à sa suppression, ne se signala que par quelques démêlés de peu d'importance avec l'intendant et les élus de la Province.

M. Chesnard de Layé, premier président de la compagnie qui venait d'être congédiée, ne parut point à la séance de rétablissement de l'ancien Parlement ; ce fut M. de Brosses qui, en qualité de doyen d'âge et de services du grand banc, présida à cette réinstallation. A cette époque, les charges de MM. Languet-Robelin de Rochefort, Loppin de Montmort, Lebault, de La Mare, Févret de Fontette et Legouz de Saint-Seine, étaient vacantes par suite du décès des titulaires, et celle de M. Pourcher, commissaire aux requêtes, était en décret. Six autres offices au Parlement et deux aux requêtes, qui avaient été supprimés depuis plusieurs années, n'étaient point rétablis. Outre M. Chesnard de Layé, MM. Bernard de Sassenay et Bouhier de Lantenay, présidents ; Butard des Montots, Robin d'Aspremont, Fyot de Dracy, Espiard d'Allerey, Févret de Saint-Mesmin et Mayou d'Aunoy, conseillers, et Chiquet de Champrenard, commissaire aux requêtes, n'assistèrent pas à cette première séance, de sorte qu'au mois d'avril 1775, la Cour se trouvait ainsi composée [1] :

---

[1] Nous empruntons la liste qui suit au manuscrit que nous attribuons à M. Colas, avocat-général. Voir la note au bas de la page 113.

ÉTAT DU PARLEMENT AU MOIS D'AVRIL 1775.

Il n'y avait point alors de premier président; M. de La Marche étant mort, M. de Brosses son successeur, ne fut appelé à cette dignité que le 22 juin 1775.

PRÉSIDENTS A MORTIER.

M. de Brosses.
M. Legouz de Saint-Seine.
M. Chartraire de Bourbonne.
M. d'Anthès de Longepierre.

CONSEILLERS.

M. Fleutelot de Beneuvre, *doyen.*
M. Mairetet de Minot.
M. Cortois-Humbert.
M. Maleteste de Villey.
M. Barbuot, *commissaire aux requêtes.*
M. Maublanc de Martenet.
M. Bureau de Saint-Pierre.
M. Fleutelot de Marlien.
M. Bazin.
M. Perreney de Baleure.
M. Filzjan de Talmay.
M. Gagne de Pouilly.
M. Filzjan de Sainte-Colombe.
M. Rigolier de Parcey, *commissaire aux requêtes.*
M. Varenne de Longvoy.
M. Verchère.
M. Villedieu de Torcy.
M. Mairetet de Thorey.
M. Gauthier.
M. de Macheco de Premeaux.
M. Perrin de Corbeton, *commissaire aux requêtes.*
M. de La Loge du Bassin.
M. de La Loge de La Fontenelle.
M. Barbuot de Palaiseau.
M. Espiard de La Borde.
M. Juillet de Saint-Pierre, *commissaire aux requêtes.*
M. Cortois de Quincey.
M. Richard d'Escrots.
M. Fyot de Mimeure.
M. Richard de Montaugé.
M. Joly de Bévy.
M. Jannon.
M. Guenichot de Nogent.
M. Vincent de Montarcher.
M. Lemulier de Bressey.
M. Lorenchet de Melonde.
M. de Beuverand.
M. Bégin d'Orgeux.
M. Cochet du Magny.
M. Esmonin de Dampierre.
M. Dévoyo.
M. Girau de Vesvres.
M. Genreau.
M. Champion de Nansousthil.
M. Richard de Ruffey.
M. Verchère d'Arcelot.
M. Fardel de Daix, *président aux requêtes.*
M. Raviot.
M. Nadault, *commissaire aux requêtes.*

GENS DU ROI.

M. Pérard, *procureur-général.*
M. Colas, *avocat-général.*
M. Guyton de Morveau, *avocat-général.*

Voici la série des mutations qui s'opérèrent ensuite dans la Compagnie jusqu'en 1790 :

Claude de LA LOGE, né, le 27 juillet 1754, de Hugues de La Loge du Bassin, conseiller au Parlement, et de Marie Gaudelet, a été reçu conseiller laïque le 1er juillet 1775, sur la résignation de son père qui obtint des lettres de conseiller honoraire.

Il épousa, le 20 avril 1784, Anne, fille de Bernard-Étienne Pérard, procureur-général au Parlement, et de Marie Butard des Montots, dont il a eu un fils.

ARMES : *d'azur, à un ours passant d'or, surmonté de trois pommes de pin de même.*

Jacques COTTIN de JONCY, né, le 30 janvier 1756, de Pierre-François Cottin de Joncy, conseiller au Parlement, et de Magdeleine Bernard de Blancey, a été reçu conseiller laïque le 7 juillet 1775, sur la résignation d'Auguste-Louis-Zacharie Espiard d'Allerey.

Il est mort à Paris en 1798.

ARMES : *d'azur, à deux colonnes d'or mises en pal.*

Joseph-Étienne-Jean de LAGOUTTE, né, le 23 août 1753, de Pierre de Lagoutte et de Marie Derepas, a été reçu conseiller laïque au Parlement, le 15 juillet 1775, en remplacement de Philippe de La Mare, décédé.

Il épousa, le 19 février 1782, Marie-Anne-Denise, fille d'Henri Mairetet de Thorey, conseiller au Parlement, et de Pierrette de La Mare.

Ce magistrat est mort le 13 août 1818, laissant postérité masculine.

Armes : *d'azur, au chevron ondé à dextre, et accompagné en chef d'une étoile à dextre et d'un gland à sénestre, le tout d'or, et en pointe d'un lion de même, soutenant de la patte dextre de derrière un croissant d'argent.*

Supports : *deux levrettes.*

Nicolas-Jean-Baptiste **BAILLYAT de BROINDON**, né, le 29 mai 1750, de Jean-Baptiste Baillyat, seigneur de Broindon, et de Marguerite Seguin, a été reçu conseiller laïque le 17 juillet 1775, sur la résignation de Jean-Baptiste Gagne de Pouilly.

Il a épousé, en 1785, Alexandrine, fille d'Henri Mairetet de Thorey, conseiller au Parlement, et de Pierrette de La Mare.

Armes : *d'azur, au lion d'or, armé et lampassé de gueules; au chef d'or.*

François-Jean-Baptiste **CLOPIN de BESSEY**, né à Dijon, le 19 décembre 1751, de François Clopin, seigneur de Bessey, et de Françoise Chancelier, a été reçu conseiller laïque le 28 juillet 1775, en remplacement de Jean-Philippe Fyot de Dracy, avec rang et séance avant MM. de Lagoutte et Baillyat de Broindon, parce que son grand-père avait fait partie du Parlement.

M. Clopin de Bessey a épousé, le 1" septembre 1778, Marie-Geneviève, fille de N... DU PUGET DE CHARDENOUX et d'Hélène de La Maillauderie.

Il est mort à Dijon le 30 août 1800.

ARMES : *d'or, au pin de sinople ; au chef d'azur, chargé de deux étoiles d'argent.*

HUGUES-JEAN BRUNET DE BARAIN, né à Beaune, le 8 mars 1755, de Gérard Brunet, seigneur de La Tour-Melin, Barain et Monthelie, et de Suzanne Suremain de Flamerans, a été reçu conseiller laïque le 2 décembre 1775, en remplacement de François Pelletier de Cléry, décédé.

Il est mort sans alliance, à Dijon, le 3 mai 1777.

ARMES : *écartelé, aux 1 et 4 d'or, au lévrier rampant de gueules colleté d'or, à la bordure crénelée de sable ; aux 2 et 3 d'argent, à la tête de maure de sable, tortillée d'argent.*

Jacques-Henri BOUSSARD de LA CHAPELLE, chanoine de Beaune, né dans cette ville, le 18 avril 1748, de Joseph-Nicolas Boussard, seigneur de La Chapelle-Villars, et de Claudine de Jouffroy, a été reçu conseiller clerc, le 5 décembre 1775, en remplacement d'Henri Bazin, démissionnaire.

Il est mort à Beaune le 9 novembre 1814.

ARMES : *d'azur, à la fasce d'or, chargée d'une rose de gueules et accompagnée de trois têtes de cerf d'argent, posées 2 en chef et 1 en pointe.*

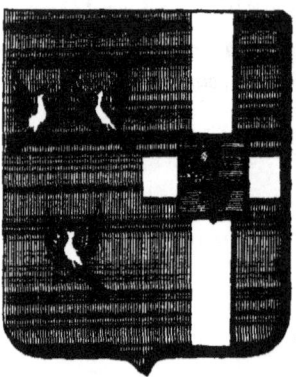

Charles GRAVIER de VERGENNES, né, le 9 avril 1751, de Jean Gravier de Vergennes (ministre plénipotentiaire en Suisse, après avoir été président à la chambre des comptes de Dijon), et de Claudine Chevignard de Chavigny, a été reçu conseiller laïque le 3 janvier 1776, sur la résignation de Barthélemi Cortois de Quincey.

Il passa, en 1777, à une charge de maître des requêtes, fut nommé conseiller honoraire le 26 juillet 1780, et intendant d'Auch en 1782.

M. de Vergennes est mort à Paris, sur l'échafaud révolutionnaire, le 24 juillet 1794.

ARMES : *parti, au 1 de gueules, à trois oiseaux essorants d'argent, posés 2 et 1, les deux du chef affrontés; au 2 de gueules, à la croix d'argent, chargée en cœur d'un écusson d'azur, au tournesol d'or tigé et feuillé de sinople.*

NICOLAS QUIROT DE POLIGNY, né, le 21 janvier 1752, de Nicolas Quirot, seigneur de Selongey, conseiller maître en la chambre des comptes de Dijon, et de Françoise-Nicole Dufay, a été reçu conseiller laïque le 20 mars 1776, sur la résignation de Claude Fyot de Mimeure.

M. de Poligny épousa, au mois d'août 1789, Jeanne-Nicole-Victoire, fille de Simon VIRELY, avocat, conseil des états de Bourgogne, et de Marie-Nicole Legrand.

Il est mort à Dijon le 22 février 1809, laissant postérité masculine.

ARMES : *d'azur, au chevron, accompagné en pointe d'un pélican avec ses petits en son nid, le tout d'or; au chef d'argent*

Jean-Baptiste-Bénigne-Alexis CHARPY de JUGNY, seigneur d'Aluze, Corberon, Echenon, Saint-Usage, Vaubise et Billy, né à Dijon, le 28 juillet 1754, de Nicolas Charpy de Billy, conseiller au Parlement, et de Magdeleine-Lazarine de La Mare d'Aluze. Il fut reçu conseiller laïque, le 27 mars 1776, en remplacement de Claude-Louis de La Loge de La Fontenelle, son oncle.

M. de Jugny épousa, le 15 avril 1777, Henriette-Magdeleine, fille de Jean Pérard, seigneur de Saint-Marcellin, et de Françoise-Éléonore Masson-Gindriez.

Armes : *d'or, à l'aigle éployée de sable, chargée en cœur d'un écusson d'azur, à trois épis d'or issants d'un croissant d'argent ; au chef d'azur, chargé d'une croix potencée d'argent.*

Devise : Nec spe nec metu, et In variis varius.

Jean PÉRARD a été reçu conseiller laïque, le 12 août 1776, en remplacement d'Antoine Esmonin de Dampierre. Il passa ensuite à une charge de président.

Voir plus haut l'article qui le concerne, au chapitre des présidents, page 17.

Charles JOLEAU de SAINT-MAURICE, né, le 22 décembre 1742, de Jean-Louis Joleau de Saint-Maurice, officier de cavalerie, et de Catherine Quarré. Après avoir été lieutenant civil au bailliage du Charolais, il fut reçu conseiller commissaire aux requêtes du palais, le 12 août 1776, sur la résignation de Samuel-François Rigolier de Parcey. Sa famille subsiste.

Armes : *d'azur, au chevron d'or, accompagné en pointe d'un croissant d'argent ; au chef cousu de gueules, chargé de trois étoiles d'argent.*

Jean-Baptiste-François MAYNEAUD de BIZEFRANC, comte de PANCEMONT, a été reçu conseiller laïque, le 16 décembre 1776, en remplacement de François Maublanc de Martenet. Il passa plus tard à une charge de président.

Voir l'article qui le concerne, au chapitre des présidents, page 18.

Melchior **NAYME de CUISEAUX**, né, le 28 avril 1707, de Claude Nayme de Saint-Julien et d'Élisabeth Soitre, a été reçu conseiller garde des sceaux en la chancellerie du Parlement, le 2 janvier 1777, en remplacement de Claude Varenne de Longvoy. Il était auparavant lieutenant particulier, civil et criminel, du bailliage de Bourg-Argental, en Forez, du ressort du parlement de Paris, où il avait été reçu le 2 juin 1767.

M. de Cuiseaux a épousé, le 2 février 1745, Claudine-Thérèse, fille de Jean Servan, trésorier de France à Grenoble, et de Marie-Thérèse Bernard.

Il est mort à Cuiseaux, le 11 octobre 1781. Sa famille est représentée aujourd'hui par M. Nayme des Oriols.

Armes : *de gueules, semé de billettes d'argent, au lion de même sur le tout.*

Pierre-Anthelme PASSERAT de LA CHAPELLE, né, le 27 mai 1744, de Claude-François Passerat de La Chapelle, premier médecin du Roi, inspecteur des hôpitaux militaires, et de Jeanne Michard, a été reçu conseiller laïque, le 16 avril 1777, en remplacement de Bénigne-Bernard Legouz de Saint-Seine, décédé.

M. de La Chapelle avait épousé, en 1773, Marie-Jacqueline, fille de Bénigne Fardel de Daix, président aux requêtes, et de Marie Boillaud de Fussey.

Il est mort le 10 octobre 1780, laissant un fils et deux filles aujourd'hui vivants.

Armes : *d'azur, à la fasce d'or, chargée d'un lion léopardé de gueules, et accompagnée en pointe de deux vols de passereaux d'or.*

Gilbert **BALARD** de **LA CHAPELLE**, né à Luzy en Nivernais, le 6 juin 1737, de Charles Balard, seigneur de La Chapelle, et de Claudine Coster, fut reçu conseiller commissaire aux requêtes du palais, le 11 août 1777, en remplacement de Jacques Pourcher, démissionnaire.

Armes : *d'argent, à la fasce d'azur, accompagnée en chef de trois mouchetures d'hermine de sable, et en pointe d'une tête de léopard de gueules.*

Bénigne-Antoine **CARRELET** de **LOISY**, né, le 18 août 1729, d'Antoine Carrelet, seigneur de Loisy, receveur général des finances de Bourgogne et Bresse, et de Marie-Magdeleine Anglard, a été reçu conseiller laïque, le 2 décembre 1777, en remplacement de Louis-Philibert-Joseph Joly de Bévy, qui passa à une charge de président.

Il avait épousé, le 11 novembre 1763, Élisabeth-Charlotte, fille de Claude-Antoine Espiard de Clamerey, et de Charlotte-Yves Languet de Sivry.

M. de Loisy est mort à Dijon le 25 février 1808.

Armes : *d'azur, au lion d'or ; au chef cousu de gueules, chargé de trois losanges d'argent.*

François BIZOUARD de MONTILLE, chanoine de Beaune, né dans cette ville, le 24 décembre 1750, d'Antoine-François Bizouard de Montille et de Marie Brunet d'Antheuil, fut reçu conseiller clerc, le 25 février 1778, en remplacement de Jean-Maurice-Léonard-Magdeleine Bureau de Saint-Pierre.

Il est mort au mois d'octobre 1802. Sa famille subsiste.

Armes : *d'azur, à un ange d'argent, tenant une branche de lis au naturel.*

Pierre de MONTHEROT de BELIGNEUX, né à Lyon, le 20 août 1757, de Pierre de Montherot, seigneur de Beligneux et Montferrand, prévôt général des maréchaussées de Bourgogne et Bresse, et de Jeanne-Sybille-Philippine de Lamartine d'Hurigny, fut reçu conseiller laïque, le 13 mai 1778, en remplacement d'Antoine-Jean-Gabriel Lebault, décédé.

Il épousa, le 20 février 1783, Jeanne-Claudine-Françoise-Étiennette, fille de N... Grimod-Bénéon, baron de Riverie, et de Jeanne Dugas.

M. de Montherot est mort à Paris, le 12 février 1798, laissant un fils et une fille aujourd'hui vivants.

Armes : *de gueules, à l'aigle d'argent, essorante d'un mont de même, et accompagnée en chef d'un soleil d'or à dextre et d'une étoile d'argent à sénestre.*

Guillaume BUREAU, né, le 3 juillet 1753, de Philippe Bureau et de Philiberte de Burgat, fut reçu conseiller laïque, le 1" juillet 1778, en remplacement de Nicolas Jannon, qui passa à une charge de président.

Ce magistrat est mort à Chalon-sur-Saône en 1780.

Armes : *d'azur, au chevron potencé et contre-potencé d'or, accompagné de trois buires de même.*

Jean-Baptiste DEFOREST, né, le 9 septembre 1749, de Jean-Baptiste Deforest, seigneur de Colombier, syndic de la noblesse de Bugey, et de Marie-Anne de Lottard de Marcis, a été reçu conseiller laïque, le 14 décembre 1778, en remplacement de Louis-Joseph Perreney de Baleure, démissionnaire.

Il a épousé, le 23 novembre 1802, Marie-Anthellemette, fille de Pierre-Anthelme Passerat de La Chapelle, conseiller au Parlement, et de Marie-Jacqueline Fardel de Daix.

Armes : *d'or, à trois pals d'azur; au chef cousu d'or, chargé d'un lion léopardé d'azur.*

Jean-Philibert Constantin de Surjoux, seigneur de Chanay, Surjoux, Tôtes, Corcelles, etc., né à Belley, le 16 mars 1739, de Jean-Baptiste Constantin de Chanay, seigneur de Montarfier, Chanay et Surjoux, et de Catherine Montanier de Belmont. Il a été reçu conseiller laïque, le 8 janvier 1779, en remplacement de Pierre-Antoine Robin d'Aspremont, décédé.

M. de Surjoux a épousé Catherine, fille de N... Berthelon de Brosses et de N... Jordan de Saint-Lager. Sa famille subsiste honorablement dans le Mâconnais.

Armes : *d'or, à la bande d'azur, chargée de deux étoiles d'argent et accompagnée de deux casques de sable.*

Devise : Constant in fide.

Louis-Hyacinthe VERCHÈRE D'ARCEAU, né, le 21 août 1754, de Philibert Verchère d'Arcelot, conseiller au Parlement, et de Louise Le Cocq de Goupillière, a été reçu conseiller laïque, le 5 juin 1779, sur la résignation d'Antoine-Louis Verchère d'Arcelot, son frère, qui depuis deux ans avait été reçu président à mortier.

Il est mort à Lyon, victime de la révolution, en 1794.

ARMES : *de gueules, à la croix potencée d'or, accompagnée d'un croissant d'argent en pointe; au chef cousu d'azur, chargé de trois étoiles d'or.*

JACQUES-PIERRE QUARRÉ DE MONAY, chanoine, grand chantre, puis doyen de la cathédrale d'Autun, né, le 23 août 1745, de Claude Quarré de Monay, président premier au bailliage présidial d'Autun, et de Jeanne Thomas, fut reçu conseiller clerc, le 11 août 1779, en remplacement de François-Ignace Espiard de La Borde, décédé.

ARMES : *échiqueté d'argent et d'azur : au chef d'or, chargé d'un lion léopardé de sable.*

François **BOULARD de GATELLIER**, né à Lyon, le 27 juillet 1759, de Simon-Claude Boulard (seigneur de Gatellier, Mars, Le Mont, Ruyère, Cuires, Caluire, La Croix-Rousse, La Pape et Rillieux, échevin de Lyon pour les années 1778 et 1779), et d'Anne de Cléricot de Janzé. Il a été nommé conseiller laïque, le 30 juin 1779, et reçu le 1er février 1780, en remplacement de Charles-Marie Févret de Fontette, décédé.

Le 30 septembre 1789, M. de Gatellier fut nommé premier président du bureau des finances de la généralité de Lyon, en remplacement de M. Quatrefage de La Roquette ; le 20 juillet 1790, il épousa Françoise, fille de Roch-Marie-Vital Fourgon de Maison-Forte, ancien conseiller à la cour des monnaies de Lyon, et de Marie-Pierrette Robin d'Orliénas ; en 1793, il prit une part active à la défense de la ville de Lyon. Il est mort à Florence, le 10 mars 1827, décoré de l'ordre de la Légion-d'Honneur, et laissant un nom cher à ses concitoyens, dont, pendant de longues années, il fut un des représentants au conseil municipal de Lyon et au conseil général du département du Rhône. Sa famille subsiste honorablement à Lyon.

Armes : *d'azur, au créquier d'argent à neuf branches, feuillé d'or ; au chef cousu de gueules, chargé de trois besants d'or.*

Jean-Vivant MICAULT de COURBETON a été reçu conseiller laïque, le 13 mars 1780, en remplacement de Charles Gravier de Vergennes qui passa à un office de maître des requêtes. Il devint plus tard président à mortier.

Voir l'article qui le concerne, au chapitre des présidents, page 19.

François MERCIER de MERCEY, né, le 29 août 1754, de François-Léonard Mercier, seigneur de Mercey, conseiller maître en la cour des comptes de Dôle, et de Marie-Anne Brunet, a été reçu le 21 avril 1780, en l'office de conseiller laïque vacant par la mort d'Hugues-Jean Brunet de Barain.

Il a épousé : 1°, en 1787, Guillaume-Marguerite de Colmont ; 2°, le 2 juin 1806, Élie Sousselier de Boissiat, dont il a laissé un fils et une fille aujourd'hui vivants.

Ce magistrat est mort à Chalon-sur-Saône le 7 avril 1815.

Armes : *d'azur, à la fasce d'argent, surmontée d'une étoile de même.*

Jacques-Antoine-Louis VENOT, né, le 30 octobre 1754, de Fiacre-Antoine Venot, maire de Montcenis, et de Marie Lesage, a été reçu, le 31 mai 1780, en l'office de conseiller commissaire aux requêtes du palais, vacant par la mort de Jean-Élisabeth Mille.

Il a épousé, le 14 juin 1780, Marie-Louise-Charlotte-Antoinette-Philiberte, fille de Philippe-Charles-Henri VENOT, seigneur de Noisy et Vérissey, et d'Henriette-Georgette Levieux de Courcelles. Sa famille n'est point éteinte.

ARMES : *d'azur, au sautoir d'or, cantonné de quatre croissants d'argent.*

ALEXANDRE MAIRETET DE THOREY, né à Dijon, le 29 janvier 1760, d'Henri Mairetet de Thorey, conseiller au Parlement, et de Pierrette de La Mare, a été reçu, le 2 août 1780, en l'office de conseiller laïque vacant par la mort d'Alexandre Mairetet de Minot, son grand-père, avec dispense de parenté à cause de son père.

Il a épousé Marie-Jeanne, fille de Pierre DE MONTHEROT, prévôt général des maréchaussées de Bourgogne et Bresse, et de Jeanne-Sybille-Philippine de Lamartine d'Hurigny.

Ce magistrat est mort au château de Montmoyen le 13 juin 1824.

ARMES : *d'argent, à l'olivier de sinople ; au chef d'azur, chargé de trois étoiles d'argent.*

CLAUDE-PIERRE DUVAL D'ESSERTENNE, né, le 14 août 1760, de Pierre-François Duval, seigneur d'Essertenne et Cessey, et de Catherine Rougeot de Turcey. Il a été reçu conseiller laïque, le 11 décembre 1780, en remplacement de Jean Lemulier de Bressey, démissionnaire.

M. Duval d'Essertenne est mort célibataire à Dijon, au mois d'octobre 1783.

ARMES : *d'azur, à la bande d'argent.*
DEVISE : EN TOUT CANDEUR.

Claude ANDRÉ DE CHAMPCOUR, né à Somman, le 8 décembre 1734, était fils de Mathurin-François André de Champcour, et de Louise-Catherine Leletllier. Il a été reçu conseiller commissaire aux requêtes du palais, le 18 décembre 1780, en remplacement de Nicolas Perrin de Corbeton, démissionnaire.

ARMES : d'argent, au chevron de sable, chargé sur la pointe d'un croissant d'argent, et sur les flancs de deux étoiles de même.

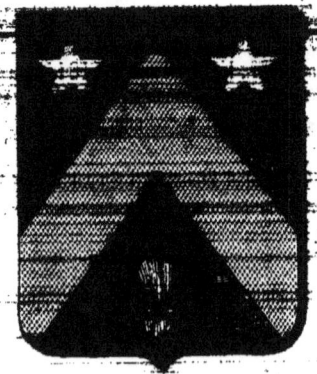

GERMAIN-HENRI DE LA GRANGE, né, le 17 octobre 1758, d'Henri de La Grange, seigneur d'Estivaux, conseiller maître en la cour des comptes de Dôle, et de Jeanne Germain, a été reçu, le 30 avril 1781, en l'office de conseiller laïque vacant par la mort de Pierre-Anthelme Passeral de La Chapelle.

Il est mort au mois de janvier 1787.

ARMES : d'azur, au chevron d'or, accompagné en chef de deux étoiles d'argent, et en pointe d'une gerbe d'or.

Pierre-Bénigne-Anne GUYARD de BALON, né, le 26 novembre 1760, de Claude-Bénigne Guyard, seigneur de Bâlon, et de Magdeleine-Dominique Lorenchet, a été reçu conseiller laïque, le 30 décembre 1781, avec dispense de parenté, à cause de Louis Lorenchet de Melonde, conseiller, son oncle, en remplacement de Jean Pérard, qui passa à une charge de président.

Il épousa, le 21 avril 1788, Anne-Marie-Émilie, fille de Simon-Pierre-Bernard Ranfer de Bretenières, conseiller maître en la cour des comptes de Dijon, mort maire de cette ville, et de Marie-Pétronille Baudot.

M. de Bâlon est mort à Dijon, le 19 décembre 1812; sa famille subsiste honorablement.

Armes[1] : *de gueules, à la fasce d'or, chargée d'une croisette de gueules, accompagnée d'un soleil levant d'or, issant du chef de l'écu, et en pointe d'une branche de gui au naturel.*

Supports : *deux lions.*

---

[1] Dans les premiers exemplaires qui ont été livrés au public, on a attribué à tort, d'après Petitot, les armoiries de MM. Guyard de Changey à Pierre-Bénigne-Anne Guyard de Bâlon.

Joseph-Gabriel JUILLET de SAINT-PIERRE, né à Dijon, le 14 mars 1761, d'Antoine Juillet de Saint-Pierre, commissaire aux requêtes du palais, et de Michelle Clesquin, a été reçu, le 9 février 1782, en l'office de conseiller laïque vacant par la mort de Claude-Antoine Cortois-Humbert, avec dispense de parenté à cause de son père.

M. de Saint-Pierre, qui vit encore aujourd'hui, avait épousé Éléonore Girardot, dont il n'a eu qu'une fille.

Armes : *d'azur, à deux gerbes d'or passées en sautoir.*
Devise : Aurea messis erit, si bene cultus ager.

Jean-Baptiste BOUTHIER de ROCHEFORT, né, le 22 juillet 1737, de Jean-Baptiste Bouthier de Rochefort, châtelain royal de Semur-en-Brionnais, et de Jeanne-Marie Chamberland. Il a été reçu le 23 juillet 1782, avec dispense de parenté à cause de Charles Joleau de Saint-Maurice, son beau-frère, en l'office de conseiller garde des sceaux de la chancellerie, vacant par la mort de Melchior Nayme de Cuiseaux.

M. Bouthier de Rochefort a épousé N..., fille de Jean-Louis Joleau de Saint-Maurice, cornette au régiment de Saint-Aignan, et de Catherine Quarré. Sa famille subsiste.

Armes : *de gueules, au lion d'argent ; au chef d'azur, chargé d'un croissant d'argent, et soutenu d'une devise d'or.*

Jean-Baptiste-Alexandre-François GODEAU D'ENTRAIGUES, né à Corbançon, le 13 janvier 1762, d'Alexandre-François Godeau, seigneur d'Entraigues, La Houssaye et La Moustière, et de Rose-Alexandrine Desvergers. Il a été reçu conseiller laïque, le 30 juillet 1782, sur la résignation de Bénigne-Charles Févret de Saint-Mesmin.

M. d'Entraigues épousa, le 11 novembre 1783, Alexandrine-Philippine-Sophie, fille de Pierre DE NESDE, seigneur de Villiers et Fromenteau, et de Marie-Sophie de Schenck, baronne de Schmidbourg.

En 1811, il fut nommé conseiller à la cour d'appel de Bourges, et chevalier de la Légion-d'Honneur.

ARMES : *de gueules, au chevron d'or, accompagné en chef de deux étoiles d'argent, et en pointe d'une ancre de même.*

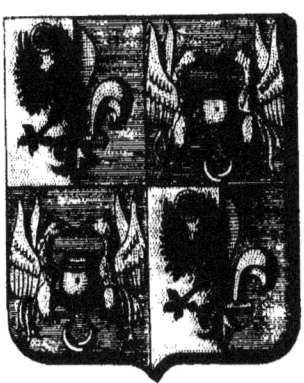

Anne-Philibert-François de BASTARD, seigneur de La Fitte, en Languedoc, né à Paris, le 5 mars 1761, de François de Bastard, seigneur de La Fitte (premier président du parlement de Toulouse, puis conseiller d'État et chancelier du comte d'Artois), et d'Élisabeth-Françoise de Parseval, grand'tante du vice-amiral de ce nom. Après avoir suivi à Toulouse ses cours de jurisprudence, dont la gratuité des grades avait été offerte, pour lui, à sa famille, par une députation spéciale de l'Université, il fut reçu conseiller laïque au Parlement de Bourgogne, le 12 août 1782, dans la charge vacante par la retraite d'Andoche Richard d'Escrots. Il exerça jusqu'à la Révolution. Dénoncé pour ses opinions royalistes, il s'éloigna pendant la Terreur, et se retira dans le pays Messin, où il mourut en 1794.

Sa famille originaire de Bretagne, s'était successivement étendue en Angleterre (lors de la conquête et elle y subsiste encore), en Berri, en Gascogne, en Languedoc, en Poitou et au Maine. Les provisions qui lui furent accordées par le roi Louis XVI, le 24 juillet 1782, et dont nous avons une copie sous les yeux, rappellent les services de plusieurs membres de sa famille, et notamment ceux de Dominique de Bastard, son aïeul, mort conseiller d'État et doyen du parlement de Toulouse, après en avoir refusé la première présidence. Sa sœur et l'une de ses nièces s'étaient alliées à deux familles de Bourgogne : la première avait épousé le marquis de Vergennes, neveu du ministre, et la seconde le lieutenant-général comte de Nansousthil.

Armes : *écartelé, aux 1 et 4 mi-parti d'or, à l'aigle de l'empire, et d'azur, à la fleur de lis d'or, qui est de Bastard; aux 2 et 3 d'azur, à deux aigles d'or, affrontées et essorantes, soutenant une tonne d'or, cerclée de sable, et accompagnées en pointe d'un croissant d'argent, qui est de Fauville, dont cette branche de la maison de Bastard avait été chargée par substitution.*

Devise : Cunctis nota fides.

Claude-Antoine VOUTY de LA TOUR, né, le 9 novembre 1761, de Dominique Vouty, seigneur de La Tour, Montsimon, Vescours et Montalibert, et de Marie de Rivérieulx, fut reçu conseiller laïque, le 26 mars 1783, en remplacement de Guillaume Bureau, décédé.

M. Vouty de La Tour était causeur, conteur agréable et mathématicien. En 1789, à un grand dîner donné à Auxonne, il se trouva placé à côté d'un jeune lieutenant d'artillerie dont l'épée devait avoir plus tard une si grande influence sur les destinées du monde. L'entretien fut long et ils se quittèrent enchantés l'un de l'autre, promettant de se revoir. Quelque temps après, M. Vouty recevait Napoléon Bonaparte à Dijon, et le recommandait à son père qui habitait, près de Lyon, le parc si connu de La Tour de la belle Allemande. L'officier fut très bien accueilli par la famille Vouty, chez laquelle il passa quelques jours au commencement de 1791. Ces relations ne furent point inutiles à M. Vouty de La Tour, car il leur dut plus tard le poste élevé de premier président de la cour impériale de Lyon.

Armes : *d'azur, au chevron d'or, chargé sur la pointe d'une étoile de gueules, et accompagné d'un soleil d'or mouvant du canton dextre du chef, et d'une rose tigée d'argent en pointe.*

Claude-François VINCENT de MONTARCHER, né à Amsterdam, le 11 août 1762, de Jean-François Vincent de Montarcher, conseiller au Parlement, et de Périne-Françoise Paparel, a été reçu, le 27 juin 1783, en l'office de conseiller laïque vacant par la mort de son père.

Il a épousé à Paris N... Phelippeaux.

Armes : *écartelé, aux 1 et 4 de gueules, à trois bandes d'argent ; au chef d'hermine ; aux 2 et 3 d'azur, au chevron d'or, accompagné de deux besants en chef et d'un lion en pointe, le tout d'or.*

Claude-Marie-Philibert-Casimir FYOT de MIMEURE, marquis de Mimeure, né, le 17 mars 1763, de Claude Fyot, marquis de Mimeure, ancien conseiller au Parlement, et d'Olympe Bernard de Sassenay, a été reçu, le 18 juillet 1783, en l'office de conseiller laïque vacant par la promotion de Frédéric-Henri Richard de Ruffey, à une charge de président.

Il a épousé, le 23 juin 1796, Anne, fille de Pierre Fromentier de Rouvres, et d'Anne Courlier. Un fils est issu de ce mariage.

Armes : *écartelé, aux 1 et 4 d'azur, un chevron d'or, accompagné de trois losanges de même*. qui est de Fyot : *aux 2 et 3 de gueules, à l'aigle d'or*, qui est de Mimeure.

Antoine-Bernard CARRELET de LOISY, né, le 1" décembre 1764, de Bénigne-Antoine Carrelet de Loisy, conseiller au Parlement, et d'Élisabeth - Charlotte Espiard de Clamerey, a été reçu conseiller laïque, le 28 juillet 1783, en remplacement de Pierre Filzjan de Talmay, démissionnaire.

Il a épousé, le 27 juillet 1801, Marguerite-Louise-Adélaïde, fille d'Antoine-Louis Verchère d'Arcelot, ancien président à mortier, et de Marguerite-Louise-Claudine-Chalon de Truchis de Serville. En 1811, il fut nommé conseiller à la cour d'appel de Dijon; mais il a donné sa démission peu de temps après. Élu en 1819 par le département de Saône-et-Loire, à la chambre des Députés, il fut réélu de nouveau en 1822, et devint vice-président de la Chambre dont il a toujours été un des membres les plus laborieux. Il fut aussi fort long-temps membre du conseil général de Saône-et-Loire, et le présida pendant plusieurs sessions.

M. de Loisy est mort à Dijon en 1838. Sa famille est représentée aujourd'hui par ses trois fils.

Armes : *d'azur, au lion d'or; au chef cousu de gueules, chargé de trois losanges d'argent.*

Louis-Pierre BELLET, vicomte de TAVERNOST de SAINT-TRIVIER, né à Trévoux, le 20 octobre 1760, de François-Élisabeth Bellet de Tavernost, baron de Saint-Trivier, avocat-général honoraire au parlement de Dombes, et de Marie-Judith Duplessis de La Brosse, a été reçu conseiller laïque, le 12 août 1783, en remplacement de François-Jean-Baptiste Clopin de Bessey, démissionnaire.

M. de Saint-Trivier, qui vit encore aujourd'hui, appartient à une famille originaire de Lyon. Ses ancêtres ont occupé des charges éminentes dans la magistrature; son grand-père fut chevalier d'honneur au parlement de Dombes, et son bisaïeul en a été premier président. Aussi le roi Charles X a-t-il voulu honorer le digne fils de tant de magistrats distingués, et rendre justice à son mérite personnel, en le créant vicomte par lettres-patentes du 26 février 1825.

Il avait épousé, le 19 mai 1797, Bonne-Marie, fille de Jean-Pierre-Philippe de Lacroix-Laval, chevalier d'honneur en la cour des monnaies de Lyon, et de Catherine-Élisabeth Robin d'Orliénas. Un fils unique est né de ce mariage.

Armes : *d'azur, à la bande d'or, chargée d'une aigle de sable posée dans le sens de la bande.*

Claude LE BELIN, né, le 16 juin 1764, d'Étienne Le Belin, chevalier de Saint-Louis, et de Bernarde Prieur, a été reçu conseiller laïque, le 14 janvier 1784, sur la démission de Jean-Marie Bégin d'Orgeux, nommé conseiller honoraire.

Armes : *de sinople, à trois béliers accornés d'argent, les deux du chef sautants et affrontés, et celui de la pointe posé en pied.*

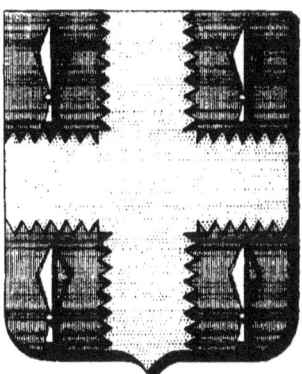

Bénigne-Alexandre-Victor-Barthélemi LEGOUZ de SAINT-SEINE, né à Dijon, le 23 mars 1763, de Bénigne Legouz de Saint-Seine, marquis de Bantange, etc., premier président, et de Marguerite-Philiberte Gagne de Perrigny, a été reçu, le 9 mars 1784, en l'office de conseiller laïque vacant par la démission de Charles Filzjan de Sainte-Colombe, avec dispense de parenté à cause de son père.

Il a épousé, le 29 juillet 1801, Catherine-Claude, fille d'Antoine Esmonin de Dampierre, ancien membre du Parlement, et de Claudine-Catherine de La Ramisse. Au mois d'août 1815, il fut nommé par le roi Louis XVIII, président du collége électoral de l'arrondissement de Dijon, et porté par les électeurs de ce collége en tête de la liste des candidats au corps législatif.

M. de Saint-Seine est mort à Lyon, en 1828, laissant un fils unique, aujourd'hui vivant.

Armes : *de gueules, à la croix endentée d'or, cantonnée de quatre fers de lance d'argent.*

Louis-Victor-Élisabeth PELLETIER de CLÉRY, né à Dijon, le 20 juillet 1765, de François Pelletier de Cléry, conseiller au Parlement, et d'Élisabeth Butard des Montots, a été reçu, le 22 mars 1784, en l'office de conseiller laïque vacant par la mort de Claude-Pierre Duval d'Essertenne.

M. de Cléry, mort en 1850, officier de la Légion-d'Honneur, avait été nommé, au mois d'avril 1806, procureur-général près la cour d'appel de Dijon ; mais il donna sa démission avant d'avoir pris possession de cette charge.

Il avait épousé, le 28 octobre 1795, Louise-Aimée de Beaurepaire, décédée sans postérité masculine.

Armes : *de gueules, à la fasce d'hermine.*

Edme-Joseph-Rosalie de BRUÈRE de ROCHEPRISE, né, le 14 mars 1765, de Pierre-Hilaire-Joseph de Bruère, lieutenant-général au bailliage de Châtillon, trésorier de France, et de Françoise Lambert, a été reçu conseiller laïque, le 4 août 1784, sur la résignation de Charles Richard de Montaugé.

En 1811, il fut nommé conseiller à la cour d'appel de Dijon.

Armes : *d'or, à la rose de gueules, feuillée et tigée de sinople.*

Bruno-Clément de COLMONT, né, le 18 août 1766, de Claude de Colmont, conseiller-maître en la cour des comptes de Dijon, et d'Anne Dombey, a été reçu conseiller laïque, le 15 décembre 1784, sur la résignation de Louis Butard des Montots.

M. de Colmont avait épousé Jeanne-Marie Thierriat de Cruzile, et est mort à Dijon, victime de la Révolution, le 1er mars 1794.

Armes : *parti, au 1 coupé d'azur, à la tour d'argent, et d'azur, au lion d'argent; au 2 d'azur, au chevron d'or, surmonté d'une étoile accostée de deux roses tigées, et en pointe une rose de même mouvante d'un croissant, le tout d'argent.*

Charles-Élisabeth LOPPIN de PREIGNEY, né à Gemeaux, le 27 octobre 1761, de Charles-Catherine Loppin de Gemeaux, avocat-général honoraire, et de Marie-Françoise Desmoulins de Rochefort, a été reçu, le 31 janvier 1785, en l'office de conseiller laïque vacant par la démission de Chrétien-Gaspard de Macheco de Premeaux.

Ce magistrat est mort sans alliance, mais sa famille subsiste dans les branches collatérales.

Armes : *d'azur, à la croix ancrée d'or.*

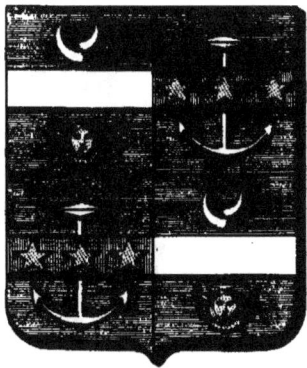

Simon-Pierre-Bernard-Marie RANFER de MONCEAU, baron de BRETENIÈRES, né à Dijon, le 26 avril 1766, de Pierre-Bernard Ranfer de Bretenières, conseiller-maître en la cour des comptes de Dijon (plus tard maire de la même ville), et de Marie-Pétronille Baudot. Il a été reçu conseiller laïque, le 18 avril 1785, sur la résignation de François Mercier de Mercey. En 1811, il devint conseiller à la cour d'appel de Dijon, puis, au mois d'août 1815, premier président de la cour royale de la même ville. Le roi Louis XVIII s'est plu à récompenser le mérite de ce magistrat en lui conférant, par lettres-patentes du 3 août 1822, le titre héréditaire de baron. Ayant reçu, dès l'année 1814, la croix de chevalier de l'ordre de la Légion-d'Honneur des mains mêmes du comte d'Artois, il fut élevé au grade d'officier du même ordre en 1825, et nommé conseiller d'État en service extraordinaire en 1827.

Le baron de Bretenières est mort à Dijon, le 24 août 1841. Il avait épousé, le 6 octobre 1801, Marie-Françoise-Céline, fille d'Étienne-Louis Champion de Nansouthil, ancien conseiller au Parlement, et d'Andrée-Marie Quarré de Russilly, dont il a eu deux fils et une fille aujourd'hui vivants.

Armes : *écartelé, aux 1 et 4 d'azur, à la fasce d'argent, accompagnée en chef d'un croissant de même, et en pointe d'un chérubin d'or*, qui est de Ranfer ; *aux 2 et 3 d'azur, à une ancre d'argent, à la fasce de gueules chargée de trois étoiles d'or brochante sur le tout*, qui est de Baudot.

Claude-Louis-Marguerite POULLETIER de SUZENET, né à Dôle, le 13 juillet 1767, de Jean Poulletier de Suzenet (seigneur d'Échigey, Billey et Villars-Rotain, chevalier de Saint-Louis, commissaire des guerres), et de Claudine-Marie Burgat de Taisey, a été reçu conseiller laïque, le 17 juin 1785, sur la résignation de Pierre de Montherot.

Il a épousé, le 1ᵉʳ février 1803, Marie-Claudine-Olympe, fille d'Alexandre-Marie-Élysée du Port, comte de Loriol, et de Marie-Magdeleine-Alix de Calvières.

Ce magistrat est mort à Dijon, le 27 juin 1821, laissant postérité masculine.

Armes : *d'argent, à la fasce d'azur, accompagnée en chef de trois coqs de sable, crétés, becqués, barbés et membrés de gueules, et en pointe d'un lion léopardé de sable, lampassé de gueules.*

Jean-Marie-Raphael VILLEDIEU de TORCY, né, le 25 avril 1768, de Vivant-Mathias-Léonard-Raphaël Villedieu de Torcy, doyen du Parlement, et de Nicole Seguin de Lamotte, a été reçu, le 22 juin 1785, en l'office de conseiller laïque vacant par la démission de François-Louis Mayou d'Aunoy, avec dispense de parenté à cause de son père.

M. de Torcy épousa : 1°, le 10 juin 1801, Marie-Julie-Antoinette, fille de Pierre Le Febvre de Graffard, baron de Sarceau, chevalier de Saint-Louis, et de Marie-Renée-Gervaise Guéroust de Boisclaireau ; 2°, le 9 janvier 1809, Anne-Louise, fille de Louis-Jacques-François de Manneville, conseiller-maître en la cour des comptes de Rouen, et de Françoise-Marguerite Brandin de Saint-Laurent.

En 1815, il fut nommé conseiller à la cour royale de Paris.

Armes : *d'azur, à deux pals d'or; au chef d'hermine.*

Pierre-Théodore CATTIN de RICHEMONT de VILLOTTE, né, le 1er juin 1768, de Jules-César Cattin, seigneur de Richemont et Villotte, et de Jeanne-Catherine Gauthier, a été reçu, le 8 août 1785, en l'office de conseiller laïque vacant par la démission de Jean-Louis Maleteste de Villey. Il est mort sans alliance.

Armes : *d'azur, au heaume d'argent ; au chef de même, chargé de trois merlettes de sable.*

Devise : Spoliatis arma supersunt.

Joseph-Vivant MICAULT de COURBETON, né, le 22 septembre 1767, de Jean-Vivant Micault de Courbeton, président à mortier, et de Marie-Charlotte de Trudaine, a été reçu conseiller laïque, le 12 août 1785, avec dispense de parenté, en remplacement de son père qui passa à une charge de président.

Il est mort sans alliance à Paris, victime de la Révolution, le 27 juillet 1794.

Armes : *d'azur, au chevron d'or, accompagné de trois chats assis d'argent, les deux du chef affrontés.*

Supports : *deux lévriers.*

Devise : Sola virtus.

Pierre-Jacques-Barthélemi GUENICHOT de NOGENT, né à Dijon, le 1" mai 1766, de Jacques-Philibert Guenichot de Nogent, seigneur de Nogent, Saint-Phal et Menaut, conseiller au Parlement, et de Jeanne Depize. Le 9 janvier 1786, il a été reçu conseiller laïque, avec dispense de parenté à cause de son père, en remplacement de Claude Fleutelot de Beneuvre, décédé doyen du Parlement.

M. de Nogent épousa Jeanne LIGERET, et fut décapité à Paris, le 20 avril 1794.

ARMES : *d'or, à la croix de sable.*

Louis-François **BRUNET de MONTHELIE**, né, le 25 mars 1767, de Gérard Brunet, seigneur de La Tour-Melin, Monthelie et Barain, et de Suzanne Suremain de Flamerans, a été reçu conseiller laïque, le 13 mars 1786, en remplacement de Jean-Baptiste-François Mayneaud de Pancemont, qui passa à une charge de président.

Il mourut sans alliance, ayant été fusillé à Lyon le 26 décembre 1793.

Armes : *écartelé, aux 1 et 4 d'or, au lévrier rampant de gueules, colleté d'or, à la bordure crénelée de sable ; aux 2 et 3 d'argent, à la tête de maure de sable, tortillée d'argent.*

Edme-Vivant-Joseph **CHEVIGNARD de LA PALU**, né à Beaune, le 23 octobre 1761, d'Antoine-Théodore Chevignard de La Palu, et de Pierrette Courtot de Montbreuil, a été reçu, le 15 juillet 1786, en l'office de conseiller laïque vacant par la mort d'Étienne-Louis Champion de Nansousthil.

M. Chevignard épousa, le 18 janvier 1791, Claudine, fille de Philibert Bouzereau de Créot, avocat, et de N... de La Tour. Il est mort à Meursault, le 22 juillet 1845, âgé de 83 ans. Sa famille subsiste.

Armes : *d'or, au raisin de gueules ; au chef d'azur, chargé d'un soleil d'or.*

Jean-Henri-Bernard JOLY de BÉVY, né à Dijon, le 18 juin 1768, de Louis-Philibert-Joseph Joly de Bévy, président à mortier, et de Louise Lemulier de Bressey. Il a été reçu, le 2 décembre 1788, en l'office de conseiller laïque vacant par la mort de Philibert-André Fleutelot de Marlien, avec dispense de parenté à cause de son père.

M. de Bévy a épousé, en 1800, N... de Bourgogne, et est mort en émigration. Son nom est éteint.

Armes : *écartelé, aux 1 et 4 d'azur, au chef d'or ; aux 2 et 3 d'azur, au chevron d'or, accompagné en chef de deux étoiles de même, et en pointe d'une tête d'enfant de carnation, chevelée d'or.*

M. Joly de Bévy (Jean-Henri-Bernard) est le dernier conseiller qui ait été reçu au Parlement de Bourgogne.

CHAPITRE X.

AVOCATS-GÉNÉRAUX.

CHARLES-CATHERINE LOPPIN DE GEMEAUX, seigneur de Preigney, Gemeaux et Pichange, né à Dijon, le 13 novembre 1714, de Claude Loppin de Gemeaux, conseiller au Parlement, et de Marie-Magdeleine Bégon, fut pourvu d'une charge d'avocat-général, sur la résignation de Gaspard-Thibault Thierry, par lettres du 18 mai 1736, avec dispenses d'âge et de parenté à cause de Germain-Anne Loppin de Montmort, conseiller, puis président, son frère, et fut reçu le 5 juin 1736. Il a résigné en faveur d'Étienne-Henri Colas, et a obtenu des lettres d'avocat-général honoraire qui ont été enregistrées le 21 juin 1755.

M. Loppin de Gemeaux épousa, le 5 août 1759, Marie-Françoise, fille de Louis DESMOULINS, marquis DE ROCHEFORT, et de Marie-Agnès Foyol de Donnery. Il est mort le 25 octobre 1805.

ARMES : *d'azur, à la croix ancrée d'or.*

Étienne-Henri COLAS, né, le 18 avril 1732, d'Henri Colas, avocat, et de Marie-Magdeleine Tisserand. Après avoir été substitut du procureur-général, il fut pourvu d'une charge d'avocat-général, sur la résignation de Charles-Catherine Loppin de Gemeaux, par lettres du 8 mai 1753, avec dispense d'âge, et fut reçu le 19 du même mois.

Après trente ans de services judiciaires (1784), ce magistrat entra dans le sacerdoce, sans quitter sa charge. Mais la Compagnie exigea qu'il prît des lettres de compatibilité, ce qui s'était déjà pratiqué pour M. Chartraire de Givry, conseiller laïque au Parlement (Petitot, page 186), lequel prit des lettres de compatibilité, lorsqu'il entra dans les ordres, et devint doyen de Vézelay. Peut-être est-il à propos de rappeler ici que ces lettres de compatibilité n'étaient autre chose que des lettres-patentes, par lesquelles le Roi déclarait l'exercice des fonctions de magistrat compatible avec le sacerdoce.

M. l'abbé Colas étant le plus ancien membre du parquet, devint l'un des directeurs de l'académie de Dijon. Il est mort à Bligny-sous-Beaune, le 14 prairial an VII (2 juin 1799). Il ne faut pas le confondre avec M. Colas, abbé de Gourdon, chanoine de la Sainte-Chapelle et vicaire-général de l'évêque de Dijon.

Armes : *d'azur, à la fasce d'argent, chargée de trois étoiles de gueules, et accompagnée d'un arc d'or en chef et d'un coq d'argent en pointe.*

Louis-Bernard GUYTON, baron de MORVEAU, né à Dijon, le 4 janvier 1737, d'Antoine Guyton, avocat, professeur de droit à l'Université, et de Marguerite Dessaule, fut reçu, le 8 janvier 1762, avocat-général au Parlement de Dijon, sur la résignation de Nicolas Genreau.

Des fonctions nombreuses et variées remplirent la longue carrière de ce magistrat. Il fut nommé, en 1790, procureur-général syndic du département de la Côte-d'Or;

En 1791, député à l'Assemblée Législative, qu'il présida le 4 mars 1792;

Au mois de septembre 1792, député à la Convention Nationale, où il vota la mort de Louis XVI;

En 1793, membre des comités de salut public et de sûreté générale.

Il fit partie en outre du conseil des Cinq cents, dont il sortit en 1797.

En 1800, il fut nommé administrateur général des monnaies, et directeur de l'École Polytechnique; ces fonctions lui furent ôtées au mois d'avril 1814, rendues au mois de mars 1815, et enfin définitivement enlevées au mois de juillet de la même année. Il fut nommé, sous l'Empire, officier commandant de la Légion-d'Honneur et baron de Morveau. Il avait épousé N... Poulet, veuve de N... Picardet, dont il n'eut pas d'enfants.

M. de Morveau avait des connaissances très-étendues en Physique et en Chimie; il a publié sur ces sciences un grand nombre d'ouvrages fort estimés. Ses plaidoyers et ses harangues, comme avocat-général, ont aussi été imprimés. (1774. 3 vol. in-12). Membre de l'académie de Dijon (20 janvier 1764), chancelier de cette compagnie, (11 juin 1781), correspondant de l'académie des sciences de Paris, membre de l'Institut et de plusieurs autres sociétés savantes de l'Europe, M. de Morveau est mort à Paris, le 2 janvier 1816.

Armes : *d'azur, au chevron d'or, accompagné de trois casques de même.*

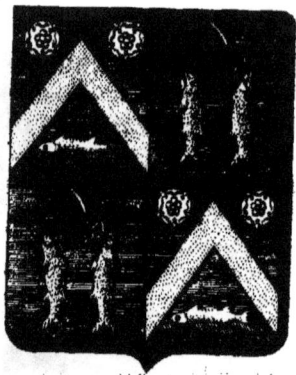

Louis-Joseph POISSONNIER, baron DE PRULAY[1], né à Paris, le 31 décembre 1762, était fils de Pierre-Isaac Poissonnier (seigneur de Prulay et Saint-Langis, conseiller d'État, docteur régent de la faculté de Paris, professeur de médecine au collége royal, membre des académies des sciences de Paris, Dijon, Saint-Pétersbourg et Stockholm, inspecteur et directeur-général de la médecine, chirurgie et pharmacie, dans les ports et colonies du royaume de France), et de Marie-Catherine Martinon, veuve Caillet, qui fut nourrice du duc de Bourgogne, frère aîné de Louis XVI. Il a été reçu avocat-général au Parlement de Bourgogne, le 17 février 1783, sur la résignation de Louis-Bernard Guyton de Morveau.

Jeté sous la Terreur dans la prison de Saint-Lazare, M. de Prulay échappa deux fois miraculeusement à la hache révolutionnaire et fut sauvé par la réaction du IX thermidor, à la chute de Robespierre. Il se retira alors dans sa terre de Prulay et ne prit aucune part aux événements politiques, consacrant ses loisirs à l'étude de la littérature et des arts. Créé Baron, lors de l'institution des majorats, par l'Empereur Napoléon Ier, qui cherchait à se rattacher les membres survivants de l'ancienne noblesse, il conserva ce titre sous la Restauration, sans revendiquer celui de Marquis attaché jadis à la seigneurie de Prulay. Il est mort à Paris, le 14 mars 1817, laissant d'Henriette-Gabrielle DURIEZ, qu'il avait épousée en 1791, un fils unique, aujourd'hui vivant, le baron Jean-Gabriel-Fernand de Prulay, ancien capitaine commandant au 8me dragons, chevalier de la Légion-d'Honneur.

ARMES[2] : *écartelé aux 1 et 4 d'azur, au chevron d'or, accompagné en chef de deux roses d'argent et en pointe d'un poisson de même, nageant dans une rivière de sinople; aux 2 et 3 d'azur, à deux poissons d'or adossés et posés en pal, surmontés d'une tête de maure de sable, tortillée d'argent.*

CHAPITRE XI.

PROCUREURS-GÉNÉRAUX.

Jean-Claude PERRENEY de GROSBOIS, seigneur de Grosbois, Vellemont, Vouges et Vallotte, après avoir été reçu conseiller au Parlement, le 8 août 1739, fut reçu de nouveau, le 16 mars 1750, procureur-général en survivance de Louis Quarré de Quintin; mais il n'exerça jamais cet office.

Voir plus haut l'article qui le concerne, page 55.

Bernard-Étienne PÉRARD, après avoir été reçu conseiller au Parlement de Bourgogne, le 18 juin 1751, fut reçu de nouveau procureur-général près le même Parlement, le 11 mars 1763, sur la résignation de Louis Quarré de Quintin.

Voir plus haut l'article qui le concerne, page 77.

CHAPITRE XII.

ABOLITION DE L'ANCIENNE MAGISTRATURE ; RÉORGANISATION JUDICIAIRE EN FRANCE.

La Révolution qui marchait à grands pas devait nécessairement atteindre toutes les anciennes institutions judiciaires. Le 24 mars 1790, Thouret, membre de l'Assemblée Constituante, développa, dans une séance publique, un plan de réorganisation judiciaire. Ce rapport fut suivi de longues et violentes discussions, à la suite desquelles le projet proposé ne fut point admis. Trois autres projets furent alors présentés par MM. Adrien Duport, de Chabroud et Sieyès. Il en résulta un peu plus de lumière et d'accord dans les débats.

L'établissement du jury était une question toute neuve ; aussi amena-t-elle les discussions les plus vives. Regnier, qui fut plus tard ministre de la justice et duc de Massa, détermina la majorité à n'admettre les jurés qu'en matière criminelle, et non en matière civile, comme le voulait une partie des membres de l'Assemblée (3o avril 1790). Néanmoins, cette institution ne fut mise en vigueur que deux ans après. Quant aux principes de la nouvelle organisation judiciaire, il fut arrêté qu'en matière civile, il y aurait deux degrés de juridiction ; que les juges seraient sédentaires ; que leurs fonctions ne dépasseraient pas le terme de six ans ; qu'ils seraient élus par le peuple, et que le Roi ne pourrait pas refuser leur admission ; que les officiers chargés des fonctions du ministère public seraient nommés par le Roi, mais institués à vie et non révocables, hors le cas de forfaiture jugée ; qu'il y aurait une cour suprême de cassation, jugeant sur la forme de la justice et l'application de la loi, et non sur le fond des affaires ; et enfin que des tribunaux consulaires seraient établis pour le jugement des affaires purement commerciales (4 et 5 mai, 16 et 24 août 1790).

Peu de temps après (7 septembre 1790), l'Assemblée Constituante rendit un décret, par lequel furent supprimés tous les tribunaux existant sous les noms de parlements, châtellenies, sénéchaussées, bailliages, présidiaux, etc. Ces anciennes institutions n'avaient plus alors aucune force morale ; mais il est bon de consigner ici que leur suppression légale ne date que de cette époque.

La constitution du 5 fructidor an III modifia les décrets de l'Assemblée Constituante, et la loi du 27 ventôse an VIII créa des tribunaux d'appel ; il en fut établi un à Dijon, pour les trois départements de la Côte-d'Or, la Haute-Marne et Saône-et-Loire. Ce tribunal prit, en vertu du sénatus-consulte organique du 28 floréal an XII, le titre de cour d'appel, et fut composé d'un président, de douze juges, d'un procureur-général impérial et d'un greffier. C'est alors qu'on voit poindre la première tentative faite en faveur de l'inamovibilité de la magistrature ; car le même sénatus-consulte attribue à l'Empereur le droit de nommer *à vie* les présidents de la cour de cassation, et des cours d'appel et de justice criminelle.

Le code d'instruction criminelle de 1808 et la loi du 20 avril 1810 donnèrent aux cours d'appel le nom de cours impériales. Ces tribunaux, qui en 1848 devaient reprendre le nom de cours d'appel, portèrent en 1814 celui de cours royales. A cette époque, ce tribunal était à Dijon de trente-six membres : un premier président, trois présidents, vingt conseillers titulaires, six conseillers-auditeurs, un procureur-général, deux avocats-généraux, deux substituts et un greffier en chef. Cette organisation est encore la même aujourd'hui, sauf la suppression de l'institution des conseillers-auditeurs en 1830.

La vénalité des charges assurait autrefois l'indépendance des magistrats ; maintenant cette indépendance est garantie par l'inamovibilité des fonctions judiciaires, et cette garantie, qui a résisté à deux révolutions (1830 et 1848), a suffi pour conserver à la magistrature l'autorité morale dont elle jouit aujourd'hui, malgré les secousses violentes qui ont ébranlé toutes les institutions humaines dans les jours orageux que nous venons de traverser.

PIÈCES JUSTIFICATIVES.

ARRÊT DU CONSEIL D'ÉTAT DU ROI et LETTRES-PATENTES SUR ICELUI,
REGISTRÉES AU PARLEMENT DE DIJON, LE 5 NOVEMBRE 1771,

PORTANT CASSATION D'ARRÊTÉS ET ARRÊT DE SON PARLEMENT DE DIJON, DES 7 AOUT 1770,
8 JANVIER, 4 FÉVRIER, 4 ET 23 MARS ET 1ᵉʳ MAI 1771.

DU 11 OCTOBRE 1771.

Extrait des registres du conseil d'État.

Le Roi s'étant fait rendre compte, en son conseil, des arrêtés et arrêt pris et rendu par son Parlement de Dijon, les chambres assemblées, les 7 août 1770, 8 janvier, 4 février, 4 et 23 mars et 1ᵉʳ mai 1771, Sa Majesté a reconnu que ces arrêtés et arrêt étaient contraires au respect dû à son autorité, aux lois qui fixent les bornes et les pouvoirs des différents tribunaux, et enfin à la tranquillité publique et à l'intérêt de ses peuples. A quoi voulant pourvoir : Ouï le rapport ; SA MAJESTÉ ÉTANT EN SON CONSEIL, a cassé et annulé, casse et annule lesdits arrêtés et arrêt pris et rendu par son Parlement de Dijon, les chambres assemblées, les 7 août 1770, 8 janvier, 4 février, 4 et 23 mars et 1ᵉʳ mai 1771 ; lui fait défenses d'en prendre et rendre de pareils à l'avenir, sous peine de désobéissance. Ordonne que lesdits arrêtés et arrêt seront rayés et biffés sur les registres de sondit Parlement, et sur ceux des bailliages et siéges royaux où ils auront été inscrits, et qu'en marge d'iceux mention sera faite du présent arrêt, sur lequel toutes lettres nécessaires seront expédiées. FAIT au conseil d'État du Roi, Sa Majesté y étant, tenu à Fontainebleau le onzième jour d'octobre mil sept cent soixante-onze. *Signé*, PHELYPEAUX.

LETTRES-PATENTES

LOUIS, PAR LA GRACE DE DIEU, ROI DE FRANCE ET DE NAVARRE : A nos amés et féaux conseillers, les gens tenant notre cour de Parlement de Dijon; SALUT. Nous nous sommes fait rendre compte, en notre conseil, des arrêtés et arrêt par vous pris et rendu, les chambres assemblées, les 7 août 1770, 8 janvier, 4 février, 4 et 23 mars et 1" mai 1771. Nous avons reconnu que ces arrêtés et arrêt étaient également contraires au respect dû à notre autorité, aux lois qui fixent les bornes et les pouvoirs des différents tribunaux, et enfin à la tranquillité publique et à l'intérêt de nos peuples; et ne voulant laisser subsister des arrêtés et arrêt si incompétents et si contraires à nos volontés, nous les aurions cassés par arrêt cejourd'hui rendu en notre conseil, sur lequel nous aurions ordonné que toutes lettres-patentes nécessaires seraient expédiées : A CES CAUSES, de l'avis de notre conseil, qui a vu ledit arrêt cejourd'hui rendu en icelui, dont l'expédition est ci-attachée sous le contrescel de notre chancellerie, et conformément à icelui, nous avons cassé et annulé, cassons et annulons lesdits arrêtés et arrêt par vous pris et rendu, les chambres assemblées, les 7 août 1770, 8 janvier, 4 février, 4 et 23 mars et 1" mai 1771. Vous faisons défenses d'en prendre et rendre de pareils à l'avenir, sous peine de désobéissance. Ordonnons que lesdits arrêtés et arrêt seront rayés et biffés sur vos registres et sur ceux des bailliages et siéges royaux où ils auront été inscrits, et qu'en marge d'iceux notre dit arrêt de cejourd'hui et ces présentes seront transcrits. SI VOUS MANDONS que ces présentes, ensemble ledit arrêt vous ayez à faire lire, publier et registrer, et leur contenu garder, observer et exécuter selon sa forme et teneur : CAR TEL EST NOTRE PLAISIR. Donné à Fontainebleau, le onzième jour d'octobre, l'an de grâce mil sept cent soixante-onze, et de notre règne le cinquante-septième. *Signé*, LOUIS. *Et plus bas*, par le Roi. *Signé*, PHELYPEAUX. Et scellé du grand sceau de cire jaune.

Lues, publiées et registrées, du très-exprès commandement du Roi, porté par le sieur marquis DE LA TOUR-DU-PIN, *maréchal des camps et armées du Roi, lieutenant-général du Roi au comté de Charolais, et commandant en chef dans les provinces de Bourgogne et Bresse, assisté du sieur* AMELOT, *conseiller du Roi en ses conseils, maître des requêtes de son hôtel, et intendant dans les mêmes provinces, ouï et ce requérant le procureur général de Sa Majesté, pour être exécutées suivant leur forme et teneur.* FAIT *en Parlement, à Dijon, toutes les chambres assemblées, le cinq novembre mil sept cent soixante-onze.*

Signé, FROCHOT.

ÉDIT DU ROI,

PORTANT SUPPRESSION DES OFFICES DU PARLEMENT DE DIJON.

Donné à Fontainebleau, au mois d'octobre 1771.
Registré au Parlement de Dijon, le 5 novembre suivant.

LOUIS, PAR LA GRACE DE DIEU, ROI DE FRANCE ET DE NAVARRE : A tous présents et à venir ; SALUT. Nous devons à nos sujets du duché de Bourgogne, comme aux habitants de nos autres provinces, la distribution gratuite de la justice, et à notre Parlement de Dijon l'extinction de cette vénalité, qui serait avilissante pour lui, si elle y existait encore quand elle a cessé dans les autres. A CES CAUSES, et autres à ce nous mouvant, de l'avis de notre conseil, et de notre certaine science, pleine puissance et autorité royale, nous avons par notre présent édit, perpétuel et irrévocable, dit, statué et ordonné, disons, statuons et ordonnons, voulons et nous plaît ce qui suit :

I.

Avons éteint et supprimé, éteignons et supprimons tous les offices de présidents et conseillers, de nos avocats et procureur généraux, et des substituts de notre procureur général, dont était composé notre Parlement de Bourgogne, ainsi que l'office de greffier en chef des requêtes du palais, et autres créés pour cette juridiction. Avons éteint et supprimé le siège de la Table de Marbre et tous les offices qui avaient été créés pour icelui : Défendons aux pourvus desdits offices d'en faire à l'avenir aucune fonction, à peine de faux, et ce à compter du jour de l'enregistrement et publication de notre présent édit.

II.

Les propriétaires de la finance desdits offices seront tenus de remettre, dans le délai de deux mois, leurs quittances de finances et autres titres de propriété, ès mains du contrôleur général de nos finances, à l'effet d'être procédé à la liquidation et au remboursement du prix desdits offices : Voulons qu'en attendant que ledit remboursement soit effectué, lesdits propriétaires soient payés de l'intérêt à cinq pour cent de la somme à laquelle ladite finance aura été liquidée.

III.

Nous nous réservons de pourvoir comme nous aviserons bon être, à l'administration de la justice dans notre duché de Bourgogne. SI DONNONS EN MANDEMENT à nos amés et féaux conseillers les gens tenant notre cour de Parlement de Dijon, que notre présent édit ils aient à faire lire, publier et registrer, et le contenu en icelui garder, observer et exécuter selon sa forme et teneur : Car tel est notre plaisir ; et afin que ce soit chose ferme et stable à toujours, nous y avons fait mettre notre sçel. Donné à Fontainebleau, au mois d'octobre, l'an de grâce mil sept cent soixante-onze, et de notre règne le cinquante-septième. *Signé*, LOUIS. *Et plus bas*, par le Roi. *Signé*, Phelypeaux. *Visa*, de Maupeou, pour suppression et remboursement d'offices dans le Parlement de Dijon. Vu au conseil, Terray. Et scellé du grand sceau de cire verte en lacs de soie rouge et verte.

Lu, publié et registré, du très-exprès commandement du Roi, porté par le sieur marquis de La Tour-du-Pin, maréchal des camps et armées du Roi, lieutenant-général du Roi au comté de Charolais, et commandant en chef dans les provinces de Bourgogne et Bresse, assisté du sieur Amelot, conseiller du Roi en ses conseils, maître des requêtes de son hôtel, et intendant dans les mêmes provinces, ouï et ce requérant le procureur général de Sa Majesté, pour être exécuté suivant sa forme et teneur. Fait en Parlement, à Dijon, le cinq novembre mil sept cent soixante-onze, toutes les chambres assemblées.

Signé, Frochot.

ÉDIT DU ROI,

PORTANT CRÉATION D'OFFICES DANS LE PARLEMENT DE DIJON.

Donné à Fontainebleau, au mois d'octobre 1771.
Registré au Parlement de Dijon, le 6 novembre suivant.

LOUIS, PAR LA GRACE DE DIEU, ROI DE FRANCE ET DE NAVARRE : A tous présents et à venir ; SALUT. Dans la vue de rendre à la justice toute son activité et à notre Parlement de Dijon son premier éclat, nous nous déterminons à y créer de nouveaux offices sans finance, et à y faire revivre l'ancienne discipline que nous avons rétablie dans la plupart de nos cours. A CES CAUSES, et autres à ce nous mouvant, de l'avis de notre conseil, et de notre certaine science, pleine puissance et autorité royale, nous avons par notre présent édit, perpétuel et irrévocable, dit, statué et ordonné, disons, statuons et ordonnons, voulons et nous plaît ce qui suit :

I.

Nous avons créé et érigé, créons et érigeons en titre d'offices formés et inamovibles, un office de premier président, quatre offices de présidents, deux offices de conseillers présidents, trois offices de conseillers clercs, trente-un offices de conseillers laïques, un office de notre procureur général, deux offices de nos avocats généraux, et trois offices de substituts de notre procureur général.

II.

Notredite cour sera composée d'une Grand'Chambre, d'une Tournelle et d'une chambre des Enquêtes.

III.

La Grand'Chambre sera composée du premier président, des quatre présidents, des deux anciens conseillers clercs, des dix-neuf anciens conseillers laïques : celle des Enquêtes, des deux conseillers présidents, du dernier conseiller clerc, de douze conseillers laïques.

IV.

La Tournelle sera formée des second et quatrième présidents, de huit conseillers de Grand'Chambre, de trois conseillers des Enquêtes.

V.

La chambre des Vacations sera formée d'un président, de huit conseillers de Grand'Chambre, dont un clerc, et de quatre conseillers des Enquêtes.

VI.

Et attendu le zèle et l'affection pour notre service, dont il nous a été donné des marques par ceux des anciens officiers de notredit Parlement, dénommés en l'état attaché sous le contre-scel de notre présent édit, voulons que lesdits offices créés par l'article premier ci-dessus, soient par eux remplis, conformément audit état, tant en vertu de notre présent édit, que de leurs anciennes provisions et réceptions, sans qu'il en soit besoin d'autres, leur ordonnons de continuer l'exercice de leurs fonctions. Voulons néanmoins que ceux qui, suivant ledit état, remplissent des offices autres que ceux dont ils étaient pourvus ci-devant, soient tenus de prêter serment en tel cas requis et accoutumé.

VII.

Le premier président, les présidents, les conseillers présidents, les conseillers de Grand'Chambre, les conseillers des Enquêtes, nos avocats et procureur généraux jouiront des gages que nous leur avons attribués par nos lettres-patentes du onze du présent mois.

VIII.

Au moyen desdits gages, nos officiers ne pourront prendre des parties aucune rétribution sous le titre d'épices, vacations ou autres dénominations quelconques, et ne pourront lesdits gages être saisis sous quelque prétexte que ce soit.

IX.

Lesdits gages seront divisés en autant de portions qu'il y aura de jours de palais par chacun an, et ceux qui, pour autres raisons que celles de maladie ou empêchement légitime, auront négligé de se rendre à leurs fonctions, seront privés d'une partie proportionnelle desdits gages, laquelle accroîtra à ceux qui auront été présents.

X.

A l'effet de constater l'exactitude de nosdits officiers, il sera tenu par le greffier de chaque chambre un registre, où seront inscrits jour par jour les noms de ceux qui seront présents, et sera ledit registre, à la fin de chaque séance, vérifié et visé par le premier président ou le président de la chambre.

XI.

La répartition desdits gages se fera aux vacances de Pâques et à la clôture du palais, dans une assemblée de chaque chambre et dans la forme qui sera réglée par notredite cour de Parlement.

XII.

Lesdits gages, ainsi que les pensions attribuées à nosdits officiers par nos lettres-patentes du onze du présent mois, seront payés sur un état arrêté par le premier président pour la Grand'Chambre, et par l'ancien des conseillers présidents pour la chambre des Enquêtes, et seront payés à chacune de ces époques par le receveur général des finances de la généralité de Dijon, lequel ne pourra, sous quelque prétexte que ce soit, se dessaisir pour aucun autre usage des deniers à ce destinés.

XIII.

Dans le cas de maladie ou autre empêchement légitime, nosdits officiers seront tenus d'en prévenir le président ou le doyen de leur chambre.

XIV.

Il sera tenu deux fois par an, en la manière accoutumée, une assemblée des chambres, où il sera délibéré sur tout ce qui intéressera la discipline de notredite cour, la plus exacte observation de nos ordonnances et la conduite de nos officiers. Notre procureur général y fera telles réquisitions qu'il jugera à propos pour le maintien des règles et du bon ordre, et du tout expédition en forme sera envoyée à notre très-cher et féal chancelier de France.

XV.

Voulons que ceux qui seront reçus conseillers en notredite cour aient au moins vingt-cinq ans accomplis, qu'ils aient suivi exactement le barreau au moins pendant cinq ans, ou rempli pendant le même espace de temps quelque autre office de judicature.

XVI.

Dans le cas de vacance d'un office de conseiller, notredite cour nous présentera trois sujets de la qualité ci-dessus; et si aucun desdits sujets ne nous convient, notredite cour sera tenue de nous en présenter d'autres, jusqu'à ce que nous en ayons agréé un.

XVII.

Attribuons au bailliage de Dijon la connaissance de toutes les causes qui étaient ci-devant portées aux requêtes du palais, sauf l'appel en notredite cour. Nous avons, en conséquence, évoqué et évoquons toutes les causes et instances qui y étaient ci-devant pendantes, et icelles, circonstances et dépendances avons renvoyées et renvoyons audit bailliage de Dijon, pour y être par lui jugées, sauf l'appel en notredite cour.

XVIII.

Les présidents, conseillers et autres officiers créés par notredit édit, jouiront de tous les honneurs, droits, rangs, exemptions et privilèges qui avaient été accordés aux anciens officiers de notredite cour.

XIX.

Voulons au surplus que tous nos édits, ordonnances, règlements et déclarations auxquels nous n'avons point dérogé par notre présent édit, soient exécutés selon leur forme et teneur. Si donnons en mandement à nos amés et féaux conseillers les gens de notre cour de Parlement de Dijon, que notre présent édit ils aient à faire lire, publier et registrer, et le contenu en icelui garder, observer et exécuter selon sa forme et teneur : Car tel est notre plaisir ; et afin que ce soit chose ferme et stable à toujours, nous y avons fait mettre notre scel. Donné à Fontainebleau, au mois d'octobre, l'an de grâce mil sept cent soixante-onze, et de notre règne le cinquante-septième. *Signé*, LOUIS. *Et plus bas*, par le Roi. *Signé*, Phelypeaux.

Visa, DE MAUPEOU, pour création d'offices dans le Parlement de Dijon. Vu au conseil, TERRAY. Et scellé du grand sceau de cire verte en lacs de soie rouge et verte.

Lu, publié et registré, avec l'état y annexé, du très-exprès commandement de Sa Majesté, porté par le sieur marquis DE LA TOUR-DU-PIN, *maréchal des camps et armées du Roi, son lieutenant au comté de Charolais, commandant en chef dans les provinces de Bourgogne et Bresse, assisté du sieur* AMELOT, *conseiller du Roi en ses conseils, maître des requêtes de son hôtel, et intendant dans les mêmes provinces, ouï et ce requérant le procureur général du Roi, à la diligence duquel copies dudit édit dûment collationnées par le greffier de la cour, seront envoyées dans les bailliages, présidiaux et autres juridictions du ressort, pour y être fait pareilles lectures, publication et enregistrement, à la diligence de ses substituts, auxquels il est enjoint d'en certifier la cour dans le mois.* FAIT *à Dijon, en Parlement, les chambres assemblées, le six novembre mil sept cent soixante-onze.*

Signé, FROCHOT.

Et après que les portes de la salle des audiences publiques ont été ouvertes de l'ordonnance dudit sieur marquis DE LA TOUR-DU-PIN, *et que quelques avocats et procureurs et grand nombre de personnes ont été entrés, ledit édit a été lu, publié par le greffier de la cour, de la même ordonnance, cejourd'hui six novembre mil sept cent soixante-onze.*

Signé, FROCHOT.

ÉTAT DES OFFICIERS

QUI DOIVENT COMPOSER LE PARLEMENT DE DIJON, CONFORMÉMENT A L'ARTICLE VI DE L'ÉDIT DU PRÉSENT MOIS, PORTANT CRÉATION D'OFFICES DANS LEDIT PARLEMENT.

Premier Président.

Le sieur FYOT DE LA MARCHE.

Présidents.

Les sieurs CHESNARD DE LAYÉ.
D'ANTHÈS DE LONGEPIERRE.

Conseillers Présidents.

Les sieurs FLEUTELOT DE BENEUVRE.
LEBAULT.

Conseillers clercs.

Les sieurs BUREAU DE SAINT-PIERRE.
BAZIN.
GENREAU.

Conseillers laïques.

Les sieurs MAIRETET DE MINOT.	Les sieurs GUENICHOT DE NOGENT.
BARBUOT.	FÉVRET DE SAINT-MESMIN.
FLEUTELOT DE MARLIEN.	LORENCHET DE MELONDE.
FÉVRET DE FONTETTE.	DE BEUVERAND.
GAGNE DE POUILLY.	ESMONIN DE DAMPIERRE.
FILZJAN DE SAINTE-COLOMBE.	DÉVOYO.
VARENNE DE LONGVOY.	GIRAU DE VESVRES.
MAIRETET DE THOREY.	FARDEL DE DAIX.
DE MACHECO DE PREMEAUX.	VERCHÈRE D'ARCELOT.
DE LA LOGE DU BASSIN.	CHAMPION DE NANSOUSTHIL.
BARBUOT DE PALAISEAU.	RICHARD DE RUFFEY.
DE LA LOGE DE LA FONTENELLE.	RAVIOT.
JUILLET DE SAINT-PIERRE.	MAYOU D'AUNOY.
RICHARD D'ESCROTS.	NADAULT.
RICHARD PUÎNÉ.	

Gens du Roi.

Les sieurs COLAB, avocat général.
PÉRARD, procureur général.
GUYTON DE MORVEAU, avocat général.

Substituts du procureur général.

Les sieurs MALÉCHARD.
VOISIN.
CALON.

Fait et arrêté au conseil d'État du Roi, Sa Majesté y étant, tenu à Fontainebleau, le onzième jour d'octobre mil sept cent soixante-onze. *Signé*, LOUIS. *Et plus bas*, par le Roi, PHELYPEAUX.

LETTRES-PATENTES

QUI ORDONNENT AU PARLEMENT DE DIJON DE REPRENDRE SES FONCTIONS, COMME APRÈS LES VACATIONS.

Données à Fontainebleau, le 22 octobre 1771.
Registrées au Parlement de Dijon, le 6 novembre suivant.

LOUIS, PAR LA GRACE DE DIEU, ROI DE FRANCE ET DE NAVARRE : A nos amés et féaux conseillers, les gens tenant notre cour de Parlement de Dijon ; SALUT. La multitude des affaires pendantes en notre Parlement de Dijon, et le zèle dont vous êtes animés pour le bien de notre service et celui du public, exigent de notre attention à procurer à nos sujets les avantages qu'ils ont droit d'attendre de nous, que nous vous mettions dès à présent en état de vaquer à toutes vos fonctions, sans attendre le moment de votre rentrée ordinaire. A CES CAUSES, et autres à ce nous mouvant, de l'avis de notre conseil, et de notre certaine science, pleine puissance et autorité royale, nous avons dit et ordonné, et par ces présentes signées de notre main, disons et ordonnons, voulons et nous plaît que, du jour de l'enregistrement des présentes, notre Parlement de Dijon reprenne ses fonctions et ses séances ordinaires, et rende bonne et briève justice sur toutes sortes de matières, comme il le ferait après les présentes vacations, et sans attendre l'expiration d'icelles ; dérogeant à cet effet, et en tant que de besoin, à toutes choses à ce contraire. SI VOUS MANDONS que ces présentes vous ayez à faire lire, publier et registrer, et le contenu en icelles garder, observer et exécuter selon sa forme et teneur ; CAR TEL EST NOTRE PLAISIR : en témoin de quoi nous avons fait mettre notre scel à cesdites présentes. DONNÉ à Fontainebleau, le vingt-deuxième jour d'octobre, l'an de grâce mil sept cent soixante-onze, et de notre règne le cinquante-septième. *Signé*, LOUIS. *Et plus bas*, par le Roi. *Signé*, PHELYPEAUX. Et scellées du grand sceau de cire jaune.

Lues, publiées et registrées, ouï et ce requérant le procureur général du Roi, du très-exprès commandement de Sa Majesté, porté par le sieur marquis DE LA TOUR-DU-PIN, *maréchal des camps et armées du Roi, lieutenant-général du comté de Charolais, commandant en chef en Bourgogne et Bresse, assisté du sieur* AMELOT, *conseiller du Roi, maître des requêtes de son hôtel, intendant desdites provinces, pour être exécutées selon leur forme et teneur.* FAIT *à Dijon, en Parlement, le six novembre mil sept cent soixante-onze.*

Signé, FROCHOT.

LETTRES-PATENTES,

PORTANT ATTRIBUTION DE GAGES AUX OFFICIERS DU PARLEMENT DE DIJON.

Données à Fontainebleau, le 11 octobre 1771.

Registrées au Parlement de Dijon, le 6 novembre suivant.

LOUIS, PAR LA GRACE DE DIEU, ROI DE FRANCE ET DE NAVARRE : A tous ceux qui ces présentes lettres verront; SALUT. Par notre édit du présent mois d'octobre, nous avons créé dans notre Parlement de Dijon, de nouveaux offices formés et inamovibles; et étant nécessaire de fixer les gages que nous y avons attachés, nous avons résolu d'expliquer nos intentions à ce sujet. A CES CAUSES, et autres à ce nous mouvant, de l'avis de notre conseil, et de notre certaine science, pleine puissance et autorité royale, nous avons dit, statué et ordonné, et par ces présentes signées de notre main, disons, statuons et ordonnons, voulons et nous plaît ce qui suit :

I.

Les présidents et conseillers, nos avocats et procureur généraux, et les substituts de notre procureur général jouiront des gages ci-après que nous leur avons attribués, savoir : le premier président, douze mille livres; chacun des présidents, six mille livres; chacun des conseillers présidents, quatre mille livres; chacun des conseillers de Grand'Chambre, deux mille cinq cents livres; chacun des conseillers des Enquêtes, deux mille livres; chacun de nos avocats généraux, deux mille cinq cents livres; notre procureur général, six mille livres; chacun des substituts, mille livres.

II.

Outre les gages ci-dessus, le doyen des conseillers laïques jouira d'une pension de quinze cents livres; et le plus ancien des conseillers clercs, d'une pension de mille livres. SI DONNONS EN MANDEMENT à nos amés et féaux conseillers, les gens tenant notre cour de Parlement de Dijon, que ces présentes ils aient à faire registrer, et le contenu en icelles garder, observer et exécuter selon sa forme et teneur. CAR TEL EST NOTRE PLAISIR : en témoin de quoi nous avons fait mettre notre scel à cesdites présentes. Donné à Fontainebleau, le onzième jour du mois d'octobre, l'an de grâce mil sept cent soixante-onze, et de notre règne le cinquante-septième. *Signé*, LOUIS. *Et plus bas*, par le Roi. *Signé*, Phelypeaux. Vu au conseil : *Signé*, Terray. Et scellées du grand sceau de cire jaune.

Lues, publiées et registrées, ouï et ce requérant le procureur général de Sa Majesté, du très-exprès commandement du Roi, porté par le sieur marquis de La Tour-du-Pin, maréchal des camps et armées du Roi, lieutenant-général du Roi au comté de Charolais, et commandant en chef dans les provinces de Bourgogne et Bresse, assisté du sieur Amelot, conseiller du Roi en ses conseils, maître des requêtes de son hôtel, et intendant des mêmes provinces, pour être exécutées suivant leur forme et teneur. Fait en Parlement, à Dijon, les chambres assemblées, le six novembre mil sept cent soixante-onze.

Signé, Frochot.

PROCÈS-VERBAL DE LA SÉANCE

De M. le marquis DE LA TOUR-DU-PIN, *commandant en chef dans la province et généralité de Bourgogne, et de M.* AMELOT, *intendant desdites province et généralité, au Parlement de Dijon, le* 6 *novembre* 1771.

Aujourd'hui, six novembre mil sept cent soixante-onze, M. le marquis DE LA TOUR-DU-PIN, maréchal des camps et armées du Roi, lieutenant-général au comté de Charolais, et commandant en chef dans les provinces de Bourgogne, Bresse, Bugey et pays de Gex; et M. AMELOT, chevalier, conseiller du Roi en ses conseils, maître des requêtes ordinaire de son hôtel, intendant de justice, police et finances dans lesdites provinces de Bourgogne, Bresse, Bugey et pays de Gex, sont partis de l'hôtel du commandement à huit heures du matin, M. le marquis de La Tour-du-Pin en habit de cérémonie, et M. Amelot en robe de soie, rabat plissé et bonnet carré, pour se rendre au palais : y étant arrivés, ils sont entrés dans la Grand'Chambre, où sont arrivés successivement trente-sept magistrats et les greffiers de l'ancien Parlement, auxquels M. le marquis de La Tour-du-Pin avait envoyé dans la nuit les ordres du Roi pour se rendre au palais, en robes, à huit heures et demie du matin. M. le marquis de La Tour-du-Pin a pris sa séance ordinaire, et M. Amelot la sienne à son côté ; les magistrats ont pris leurs rangs et places accoutumés, sur l'invitation qui leur en a été faite par M. le marquis de La Tour-du-Pin.

M. le marquis de La Tour-du-Pin a remis à M. Fyot de La Marche sa lettre de créance, et les lettres-patentes qui le commettent avec M. Amelot pour l'exécution des ordres de Sa Majesté : lecture faite desdites lettres par le greffier, M. le marquis de La Tour-du-Pin a invité M. Pérard à en requérir l'enregistrement, ce que M. Pérard a fait du très-exprès commandement du Roi ; ensuite M. Amelot s'est levé, a salué M. le marquis de La Tour-du-Pin, M. Fyot de La Marche et les autres magistrats, et a dit :

« Le Roi ordonne que les lettres-patentes portant commission, dont lecture vient
» d'être faite, seront enregistrées ès registres du Parlement, ouï et ce requérant le
» procureur général du Roi, du très-exprès commandement de Sa Majesté, pour
» être exécutées selon leur forme et teneur. »

Après la prononciation de cet arrêt, M. le marquis de La Tour-du-Pin a dit :

« Messieurs,
» Le Roi, mon souverain seigneur et maître, m'a chargé de vous apporter un
» édit portant création d'offices dans son Parlement de Dijon ; M. Amelot va vous
» expliquer plus particulièrement ses intentions. »

A l'instant M. Amelot, après les salutations ordinaires, a dit :

« Messieurs,.
» Le Roi, toujours occupé du bien de ses sujets, a regardé l'administration de la
» justice comme un des objets les plus dignes de son attention : ses regards bienfai-
» sants se sont étendus sur tout son royaume ; les autres provinces se ressentent déjà
» de la sagesse de ses vues, et il tardait à son cœur de voir la Bourgogne, dont il a
» toujours distingué la fidélité, jouir des mêmes avantages.

» Le premier usage que Sa Majesté a fait de son autorité, en retirant aux anciens
» magistrats les pouvoirs qu'elle leur avait confiés, est une suite du système général
» qu'elle a embrassé ; mais vous allez reconnaître, Messieurs, son empressement à
» faire éprouver les effets de sa bienfaisance : l'édit, dont vous allez entendre la
» lecture, en contient les témoignages les plus éclatants.

» Le Roi ne trouvant en vous que des sujets fidèles et obéissants, vous rend de
» nouveau les dépositaires de la portion la plus précieuse de son autorité ; les peuples
» de cette province auront la satisfaction de revoir des citoyens zélés, juges éclairés
» de leurs différends et défenseurs de leurs intérêts.

» Eh, quel nouveau degré de splendeur va se répandre sur vos fonctions ! Vous
» ne recevrez plus que de Sa Majesté elle-même, la juste récompense de vos tra-
» vaux, et vous ne serez plus dans la triste nécessité de tendre d'un côté une main
» secourable aux malheureux, et de recevoir de l'autre une portion des mêmes biens
» dont vous leur assurez la jouissance.

» Vos offices seront inamovibles, comme ils l'ont été jusqu'à présent ; mais vous
» aurez l'avantage de n'en voir revêtus que les sujets dont vous aurez vous-mêmes
» reconnu le mérite et les talents, et que vous aurez présentés à Sa Majesté comme
» dignes de partager la confiance dont vous êtes honorés.

» Cette prérogative, dont vous jouirez à l'avenir, Messieurs, toute flatteuse qu'elle
» est, ne peut, nous le sentons comme vous, vous dédommager aujourd'hui de la
» réduction que vous apercevez dans le nombre de ceux qui étaient associés à vos
» fonctions ; mais, Messieurs, il faut respecter les vues supérieures qui ont obligé
» Sa Majesté à diminuer le nombre des offices par lesquels elle remplace ceux dont
» elle a supprimé le titre, et tout espérer de sa bonté pour d'anciens magistrats aux-
» quels elle ne fait pas partager les mêmes faveurs qu'elle vous accorde.

» L'édit et les lettres-patentes qui l'accompagnent vont vous faire connaître plus
» particulièrement les intentions de Sa Majesté : M. le procureur général voudra
» bien en requérir l'enregistrement. »

Le greffier a fait lecture de l'édit, après quoi M. le procureur général s'est levé et a dit :

« MESSIEURS,

» Dans ces jours de désolation et d'effroi, je ne peux vous faire entendre que les expressions de la douleur. La perte des magistrats, qui, dans l'exercice des fonctions les plus augustes, ont mérité l'estime et la vénération publiques, a répandu une consternation universelle.

» Eh! qui sent mieux que vous, Messieurs, la profondeur de la plaie qu'un événement aussi triste a faite dans tous les cœurs!

» Vous êtes attendris sur le sort de ces magistrats dont vous connaissez les talents et les vertus; mais l'amour du bien public suspend en vous tout autre sentiment : vous vous empresserez de calmer les alarmes d'une ville qui dans tous les temps fut le principal objet de vos soins paternels, et qui, dans ce moment critique, place en vous ses espérances.

» La province entière se présente à vos regards et réclame la conservation de ses privilèges; mais, rassurée par la confiance que vous lui avez toujours inspirée, elle ne craint plus d'être privée de ses intercesseurs auprès du trône, ni de voir passer en des mains étrangères l'autorité qu'elle est accoutumée à respecter dans les vôtres.

» Vous allez donner une preuve éclatante de la soumission dont vous vous êtes toujours glorifiés; vous vous conformerez aux intentions d'un prince bienfaisant, qui, à des temps orageux, fera succéder des jours sereins. Aucune vue d'intérêt n'altérera les motifs plus purs et plus nobles qui animent le magistrat. La vénalité ne portera plus d'atteinte à l'éclat de la magistrature, et vous aurez la gloire d'influer sur le choix de ceux que le souverain rendra les arbitres de leurs concitoyens.

» La confiance spéciale dont vous êtes honorés dans ce moment est la récompense la plus flatteuse que vous puissiez espérer de vos services; et vos vœux seraient remplis, si vous la partagiez avec des magistrats que les lumières et l'intégrité mettaient en droit d'y prétendre.

» Hâtez-vous, Messieurs, d'implorer en leur faveur la clémence du souverain; sollicitez leur retour à des fonctions auxquelles ils sont appelés par la voix publique.

» Les bontés qu'ils éprouvent de la part du Roi, qui leur conserve les honneurs que les uns ont mérités par les services qu'ils ont rendus, et les autres par ceux qu'ils se proposaient de rendre, doivent vous encourager dans vos démarches; et c'est dans l'espérance de les voir couronnées par le succès que je requiers, du très-exprès commandement du Roi, que l'édit d'octobre dernier, portant création d'offices dans le Parlement, soit enregistré ès registres de la cour, pour y avoir recours quand besoin sera, et être exécuté suivant sa forme et teneur, conformément à la volonté du Roi, et être ordonné que copies d'icelui dûment collation-

» nées, seront envoyées dans tous les bailliages et sénéchaussées du ressort de la
» cour, pour y être fait pareille lecture, publication et enregistrement, à la dili-
» gence des substituts du procureur général du Roi. Fait à Dijon, le 6 no-
» vembre 1771. »

Sur ces conclusions, M. Amelot a prononcé l'arrêt d'enregistrement en ces termes :

« Le Roi ordonne que l'édit qui vient d'être lu, sera publié et enregistré, et que
» pour la plus prompte exécution des volontés de Sa Majesté, il sera mis tout présen-
» tement, par le greffier, sur le repli d'icelui : Lu, publié et enregistré du très-ex-
» près commandement du Roi, porté par M. le marquis de La Tour-du-Pin,
» commandant en chef dans les provinces de Bourgogne, Bresse, Bugey et pays de
» Gex, assisté de M. Amelot, maître des requêtes, intendant et commissaire départi
» pour l'exécution des ordres de Sa Majesté dans lesdites provinces, ouï et ce requé-
» rant le procureur général du Roi, pour être exécuté suivant sa forme et teneur ;
» ordonne que copies dudit édit, dûment collationnées par le greffier de la cour,
» seront envoyées dans les bailliages, présidiaux et autres juridictions du ressort, à
» la diligence du procureur général du Roi, pour y être fait pareille lecture, publi-
» cation et enregistrement, à la diligence de ses substituts, auxquels il est enjoint
» d'en certifier la cour dans le mois. Fait à Dijon, en Parlement, les chambres
» assemblées, le 6 novembre 1771. »

Après la prononciation de cet arrêt, il a été transcrit sur le champ par le greffier, sur le repli de l'édit.

M. le premier président a reçu le serment de MM. Fleutelot de Beneuvre et Lebault, conseillers présidents.

M. le marquis de La Tour-du-Pin a ordonné l'ouverture des portes, l'audience est entrée et le greffier a lu à haute et intelligible voix l'édit et arrêt d'enregistrement ; après cette lecture, l'audience est sortie et on a fermé les portes.

M. le marquis de La Tour-du-Pin a fait distribuer par le greffier, à chacun des membres de l'assemblée, un ordre du Roi conçu en ces termes :

« Mons...., je vous fais cette lettre pour vous ordonner de continuer votre service
» à mon Parlement de Dijon, sans que, sous aucun prétexte, vous puissiez le quit-
» ter, le tout sous peine de désobéissance. Écrit à Fontainebleau, le 16 octobre
» 1771. *Signé*, LOUIS. *Et plus bas*, PHELYPEAUX. »

Après la distribution desdits ordres, M. le marquis de La Tour-du-Pin a remis au greffier les lettres-patentes portant attribution de gages en faveur des officiers du Parlement ; lecture en a été faite par ledit greffier ; M. le procureur général en a requis l'enregistrement, du très-exprès commandement du Roi, et M. Amelot a prononcé l'arrêt qui l'a ordonné.

Il a été ensuite remis au greffier, par M. le marquis de La Tour-du-Pin, des lettres-patentes qui prorogent la séance du Parlement : l'arrêt qui en a ordonné l'enregistrement a été pareillement prononcé par M. Amelot, sur les conclusions de M. le procureur général du Roi, du très-exprès commandement de Sa Majesté.

Toutes ces opérations faites, la séance a été levée, et tous les membres de l'assemblée se sont retirés; M. le marquis de La Tour-du-Pin a donné ordre au greffier de faire, sur le registre à ce destiné, l'enregistrement de l'édit et des lettres-patentes qui venaient d'être lus et publiés.

De tout ce que dessus le présent procès-verbal a été dressé double par M. Amelot, en présence de M. le marquis de La Tour-du-Pin, de M. le premier président et de M. le procureur général, qui l'ont tous signé, ainsi que le greffier; pour un double dudit procès-verbal, également signé, rester au greffe du Parlement, et l'autre double être mis sous les yeux du Roi, et envoyé pour cet effet à M. le chancelier.

Fait à Dijon, au palais, lesdits jour et an que dessus. *Signé*, LA TOUR-DU-PIN, AMELOT, FYOT DE LA MARCHE, PÉRARD, et Frochot, greffier.

ÉDIT DU ROI,

PORTANT RÉTABLISSEMENT D'OFFICES DANS LE PARLEMENT DE BOURGOGNE.

Donné à Versailles, au mois de mars 1775.
Registré au Parlement de Dijon, le 3 avril suivant.

LOUIS, PAR LA GRACE DE DIEU, ROI DE FRANCE ET DE NAVARRE : A tous présents et à venir ; SALUT. La situation actuelle de notre Parlement de Dijon et celle des anciens magistrats qui, en 1771, ont été privés des fonctions qu'ils remplissaient dans cette compagnie, méritent de notre part autant de justice et de bonté que nous en avons fait éprouver à plusieurs de nos cours, déjà rétablies dans leur premier état. Le retour de ces anciens magistrats remplira le vœu de notre province de Bourgogne ; et nous donnerons par là une nouvelle preuve de l'affection que nous avons pour elle. A CES CAUSES, et autres à ce nous mouvant, de l'avis de notre conseil, et de notre certaine science, pleine puissance et autorité royale, nous avons, par notre présent édit perpétuel et irrévocable, dit, statué et ordonné, disons, statuons et ordonnons, voulons et nous plaît ce qui suit :

I.

Nous avons révoqué et révoquons l'édit du mois d'octobre 1771, portant suppression des offices du Parlement de Dijon, ensemble celui du même mois, portant création d'offices dans le même Parlement : voulons que tous les offices créés par ledit édit, soient et demeurent éteints et supprimés, comme nous les éteignons et supprimons par le présent édit.

II.

Avons remis et rétabli, remettons et rétablissons en l'exercice de leurs charges, tous ceux qui étaient pourvus d'offices de présidents, conseillers, avocats et procureur généraux et substituts en notredit Parlement de Dijon, antérieurement audit édit de suppression du mois d'octobre 1771, pour par eux reprendre les mêmes places qu'ils occupaient, et en jouir aux mêmes rangs, honneurs, prérogatives et émoluments quelconques, dont ils jouissaient avant ledit édit : ordonnons à tous et un chacun desdits présidents, conseillers, avocats et procureur généraux et substituts, de reprendre et continuer leurs fonctions accoutumées, sans retardement et sans interruption.

III.

Avons pareillement remis et rétabli, remettons et rétablissons dans leurs offices et exercice de leurs fonctions, les présidents honoraires, chevaliers d'honneur, conseillers honoraires et tous autres qui existaient lors dudit édit de suppression : voulons qu'ils continuent à servir en notre Parlement comme par le passé.

IV.

Ceux de nosdits officiers, qui se trouveraient aujourd'hui revêtus d'offices et états incompatibles, seront tenus, s'ils veulent continuer leurs fonctions en notredit Parlement, de donner, dans un mois, à compter du jour de la publication et enregistrement du présent édit, la démission de leurs offices ou états incompatibles.

V.

Déclarons sans effet et comme non avenues les liquidations qui ont pu être faites d'aucuns desdits offices de présidents, conseillers ou autres, sans exception, ainsi que la quittance de finance ou autre valeur qui ont pu être données en conséquence desdites liquidations. Voulons que ceux au profit desquels elles ont été faites, soient tenus, dans le même délai d'un mois, de rapporter à notre trésor royal ce qu'ils ont reçu pour le montant de leurs finances ; au moyen de quoi les titres de propriété et les provisions de leurs offices leur seront rendus, sauf à en disposer comme ci-devant.

VI.

Notre cour de Parlement de Dijon restera composée comme elle l'était avant ledit édit de suppression, du même nombre de chambres et du même nombre d'offices qui existaient avant ledit édit.

VII.

Les greffiers, procureurs, huissiers et tous autres officiers de notre Parlement, continueront leurs fonctions comme par le passé.

VIII.

Voulons que les jugements et arrêts rendus par nos cours de parlements et autres soient exécutés hors leurs ressorts, en vertu de *Pareatis*, en la forme ordinaire : défendons à notre Parlement d'y apporter aucun obstacle tendant à en méconnaître l'autorité et l'authenticité.

IX.

Voulons en outre que toutes ordonnances, édits, déclarations et lettres-patentes, lus, publiés et enregistrés en notredit Parlement, et tous arrêts rendus en icelui, depuis l'édit de suppression du mois d'octobre 1771, soient exécutés selon leur forme et teneur : n'entendons néanmoins interdire aux parties la faculté de se pourvoir par les voies de droit contre lesdits arrêts.

X.

Afin d'assurer de plus en plus la tranquillité que nous voulons faire régner dans nos états, ordonnons que toutes dénonciations, arrêts provisoires ou d'instruction, décrets, arrêts et autres actes faits par notre Parlement contre aucunes personnes ecclésiastiques ou laïques, autres que les arrêts et jugements définitifs, demeurent sans suite et sans effet ; en conséquence, impósons à notredit Parlement et à notre procureur général, un silence absolu sur tous lesdits objets : leur faisons défenses de donner aucune suite auxdites dénonciations, arrêts, jugements et arrêtés. N'entendons néanmoins comprendre dans ladite disposition les causes, procès et instances de particuliers à particuliers, non plus que les procès criminels pendants en la chambre de la Tournelle et dans les juridictions inférieures, poursuivis à la requête de notre procureur général et de ses substituts, pour raison de vols, assassinats, faux, usure et autres délits semblables. Si donnons en mandement à nos amés et féaux conseillers les gens tenant notre cour de Parlement de Dijon, que notre présent édit ils aient à faire lire, publier et registrer, et le contenu en icelui garder et observer pleinement, paisiblement et perpétuellement, cessant et faisant cesser tous troubles et empêchements, et nonobstant toutes choses à ce contraires ; Car tel est notre plaisir ; et afin que ce soit chose ferme et stable à toujours, nous y avons fait mettre notre scel. Donné à Versailles, au mois de mars, l'an de grâce mil sept cent soixante et quinze, et de notre règne le premier. *Signé*, LOUIS. *Et plus bas*, par le Roi. *Signé*, Phelypeaux. *Visa*, Hue de Miromesnil. *Vu au conseil*, Turgot. Scellé du grand sceau en cire verte, à lacs de soie rouge et verte.

Lu, publié et enregistré, l'audience tenante, ouï et ce requérant le procureur général du Roi, du très-exprès commandement de Sa Majesté, porté par le sieur marquis de La Tour-du-Pin, *maréchal des camps et armées du Roi, lieutenant-général au comté de Charolais, et commandant en chef en Bourgogne, Bresse, Bugey et pays de Gex, assisté du sieur* Feydeau de Marville, *conseiller ordinaire au conseil d'État et au conseil royal des finances, pour être exécuté selon sa forme et teneur ; et que copies collationnées seront envoyées dans tous les bailliages et sièges du ressort de la cour, à la diligence du procureur général du Roi, pour y être pareillement lues, publiées et enregistrées : Enjoint aux substituts du procureur général du Roi d'y tenir la main, et d'en certifier la cour dans le mois.* Fait *en Parlement, à Dijon, les chambres assemblées, le trois avril mil sept cent soixante et quinze.*

Signé, Frochot.

TABLE ALPHABÉTIQUE

DES NOMS CITÉS DANS CET OUVRAGE.

A.

	Pages.
Alencey (d').	65
André de Champcour.	151
Anglard.	141
Anthès de Longepierre (d').	13-113-130
Apchon (d').	23
Arcelot.	87
Arcelot de Charodon.	15-50-90
Arlay (d').	48-104
Arnoult.	118
Arnoux de Ronfand.	95
Arthaud.	43-62-64-122-123
Aymeret de Gazeau.	55
Azy (d').	56

B.

Baillet.	2
Baillyat de Broindon.	133
Balard de La Chapelle.	141
Balay.	124
Barbuot.	113-130
Barbuot de Palaiseau.	78-113-130
Barillon.	71
Barthelot d'Ozenay.	70
Bastard (de).	156
Baudet-Morelet.	84
Baudoin.	18-88
Baudot.	100-152-166
Bauyn.	79
Bazin.	42-44-113-130-135
Beaurepaire (de).	163
Beauval (de).	89
Beauvernois (de).	63
Bégin d'Orgeux.	93-130-162
Bégon.	174
Bellet de Saint-Trivier.	164
Berbis (de).	3
Berbis de Longecour.	37-60

	Pages.
Berbisey.	1
Bergeret.	14
Bernard.	70-139
Bernard de Blancey.	54-131
Bernard de Chanteau.	86
Bernard de Sassenay.	8-16-57-82-129-159
Bernard du Tartre.	8-84
Bernardon.	21
Berthelon de Brosses.	145
Berthelot de Pléneuf.	88
Beuverand de.	59-92-113-130
Bizouard de Montille.	142
Blancheton.	59
Boillaud de Fussey.	47-104-140
Boillot de Corcelotte.	120
Bon.	101
Bonnard.	47
Bouchet de Sourches (du).	24
Bouhier.	21-22
Bouhier-Bernardon.	37-60-95
Bouhier de Chevigny.	7
Bouhier de Fontaine.	60-68-77
Bouhier de Lanteney.	7-9-11-17-40-51-68-[87-129
Bouhier de Pouilly.	60
Bouhier de Savigny.	7-12-40
Bouhier de Versailleux.	37-60
Bouillé de Créancey (de).	73
Boulard de Gatellier.	147
Bouquinet de Lanthes.	37
Bourgeois.	123
Bourgeot.	106
Bourgogne (de).	173
Boussard de La Chapelle.	135
Bouthier de Rochefort.	154
Bouzereau de Créot.	173
Brancion (de).	34-35
Brandin de Saint-Laurent.	168

TABLE ALPHABÉTIQUE.

	Pages.
Bretagne (de)	49
Brosses (de)	3-6-7-19-61-108-130
Bruère de Rocheprise (de)	164
Brunet	148
Brunet d'Antheuil	142
Brunet de Barain	134-148
Brunet de Monthelie	172
Bureau	144-157
Bureau de Livron	64-102
Bureau de Saint-Pierre	38-64-113-130-142
Burgat (de)	144-167
Burignot	93
Burteur	49-54
Butard des Montots	43-77-85-129-131-163-164

C.

Calon	113-117
Calvières (de)	167
Carrelet de Loisy	49-144-160
Castel de Saint-Pierre-Crévecœur	4
Cattin de Villotte	109
Caze	89
Châlus (de)	35
Chamberland	154
Champion de Nansousthil	88-103-113-130-156-166-172
Chancelier	133
Chanlecy de Pluvault (de)	34
Chapuis de Corgenon	23
Chargère du Breuil (de)	34
Charpy de Billy	39-53
Charpy de Jugny	17-137
Charpy de Saint-Usage	39
Chartraire de Bierre	65
Chartraire de Bourbonne	7-12-14-42-52-65-86-130
Chartraire de Givry	10-50-175
Chastellux (de)	37
Cherrière (de)	52
Chesnard de Layé	9-11-18-67-76-78-113-115-125-129
Chevaldin	16
Chevignard	50
Chevignard de Chavigny	135
Chevignard de La Palu	172
Chilleau (du)	30
Chiquet de Champrenard	105-129
Cissey (de)	104
Cléricot de Janzé	147
Clermont-Tonnerre (de)	34
Clesquin	81-153
Clopin de Bessey	133-161

	Pages.
Clugny (de)	62-71-80
Cochet du Magny	94-130
Cœurderoy	43-62-88-103-105-122
Colas	113-130-174-175
Colmont (de)	148-164
Colombet de Gissey	3
Comeau	75
Constantin de Surjoux	145
Cortois-Humbert	82-130-153
Cortois de Quincey	27-37-82-130-135
Coster	144
Cothenot de Mailly	46
Cottin	70
Cottin de Joncy	54-101-131
Cottin de La Barre	54
Coujard de La Verchère	90
Courlier	159
Courtot de Millery	123
Courtot de Montbreuil	172
Crespey	48
Cybert	92

D.

Dagonneau de Marcilly	52-122
Damas (de)	37
David	42-76
David de Villars	37
Décologne	72
Deforest	144
Degrée de Germinon	62
Demougé	13
Denis	58
Denizot	47
Depize	87-174
Derepas	67-132
Derey	47
Dervieu de Vilieu	127
Desbarres	100
Deshommets de Bonneville	89
Désir	55
Desmoulins de Rochefort	165-174
Dessaule	176
Destang	44
Desvergers	155
Dévoyo	100-105-107-113-130
Dombey	164
Dufay	136
Dugas	143
Duplessis de La Brosse	164
Durand	38-64
Durand de Salives	124
Duval d'Essertenne	150-163

TABLE ALPHABÉTIQUE.

E.

	Pages.
Esmonin de Dampierre	99-113-124-125-130-137-163
Espiard d'Allerey	79-129-131
Espiard de Clamerey	142-160
Espiard de La Borde	80-130-146
Espiard de La Cour	10-11-57-60-89

F.

Fardel de Daix	47-104-113-130-140-145
Fardel de Verrey	104
Fargès (de)	4
Favre	124
Févret de Fontette	45-57-113-127-129-147
Févret de Saint-Mesmin	3-88-113-128-129-155
Feydeau de Brou	8
Filzjan de Sainte-Colombe	50-58-69-94-113-130-162
Filzjan de Talmay	49-69-81-103-130-160
Fleury (de)	48
Fleutelot de Beneuvre	113-130-171
Fleutelot de Marlien	12-40-113-130-173
Florin de Montpatey	118
Folin (de)	126
Fontanges de Maumont de	26
Fontette de Sommery de	35-36-66
Fourgon de Maison-Forte	147
Fournier de Chauvirey	121
Foyol de Donnery	174
France (de)	55-85
Fromageot	85
Fromentier de Rouvres	159
Fyot de Dracy	98-129-133
Fyot de La Marche	4-2-8-13-62-70-113-125
Fyot de Mimeure	3-56-83-130-136-159
Fyot de Neuilly	62-63-98

G.

Gagne de Perrigny	4-6-7-11-108-162
Gagne de Pouilly	54-86-113-124-126-130-133
Garrelot	87
Gaudelet	75-131
Gauthier	72-99-104-130-169
Gauthier d'Ancise	72
Gauvain de Viriville	123
Genreau	53-102-113-116-130-176
Germain	151
Girardot	153
Girau de Vesvres	104-113-130
Girod	118
Godeau d'Entraigues	155
Gombault	39-76
Gouget-Duval	91
Gourion	103
Gravier de Vergennes	135-148-156
Grenaud de	45
Grignet de Champagnolot	78
Grimod-Bénéon de Riverie	143
Guenichot de Nogent	68-87-113-130-171
Guéroust de Boisclaireau	168
Guillaumanches du Boscage	73
Guillier	74
Guillier de Serrigny	47
Guyard de Bâlon	152
Guyard de Changey	17
Guye de Labergement	48
Guye de Vornes	72
Guyton de Morveau	113-130-176-177

H.

Hélyotte	106
Hocquart de Cuœilly	14

J.

Jachiet	39
Jannon	16-17-51-86-130-144
Jantet	45
Jehannin	55
Jehannin-Arviset	59
Jehannin de Chamblanc	59-92
Joleau de Saint-Maurice	138-154
Joly de Bévy	8-15-52-84-86-130-144-173
Joly de Blaisy	58
Joly de Chintré	8-57-86
Joly de Drambon	57-98
Jordan de Saint-Lager	145
Jouffroy de	135
Juillet	117
Juillet de Saint-Pierre	81-113-118-130-153
Julien	54

L.

La Briffe de Ferrière (de)	42
Lacroix-Laval (de)	161
La Folie (de)	93
La Fouge de Franchemont	118

TABLE ALPHABÉTIQUE.

	Pages.
Laforest.	44
Laforest de Montfort.	14
Lagoutte (de).	132
La Grange (de).	151
Laison.	128
La Loge de Broindon (de).	53-70-75-93
La Loge de Chatellenot (de).	125
La Loge de Dionne (de).	76
La Loge de La Fontenelle (de).	76-113-125-127-130-137
La Loge du Bassin (de).	75-113-130-131
La Maillauderie (de).	134
La Mare (de).	9-39-53-70-129-132-133-149
La Mare d'Aluze (de).	39-76-137
Lamartine d'Hurigny (de).	143-150
Lambert.	120-164
La Michodière (de).	2-7
Lamy.	35-66
Lamy de Samerey.	45
Languet.	46
Languet de Rochefort.	15-49-129
Languet de Sivry.	47-142
Lantin.	71
Laramisse (de).	99-163
Larcher.	100
Larrey (de).	73
La Toison (de).	22-49
La Tour (de).	173
Laureau.	128
Léaulté.	97
Léauté de Grissey.	93
Lehault.	113-129-143
Le Belin.	44-73-162
Le Belin d'Urcy.	125
Le Clerc d'Accolay.	72
Leclerc de Buffon.	61-107
Leclerc de Saint-Denis.	127
Lecocq de Goupillière.	16-56-146
Lecompasseur de Courtivron.	34
Le Febvre de Graffard.	168
Legouz.	8-38-51-54-68
Legouz de Saint-Seine.	4-6-7-51-54-66-98-108-129-130-140-162
Legrand.	136
Lejay.	8
Lemulier de Bressey.	15-50-90-130-150-173
Lemulier de Courterolles.	50
Lemulier de Saucy.	74-75
Lenet de Larrey.	121
Lesage.	149
Leschenault.	81-117

	Pages.
Leteiller.	151
Letors de Thory.	128
Levieux de Courcelles.	149
Ligeret.	171
Ligier.	61
Longo.	43
Loppin de Gemeaux.	10-174-175
Loppin de Montmort.	10-16-84-129-174
Loppin de Preigney.	165
Lorenchet de Melonde.	56-91-113-130-152
Lorenchet de Montjamont.	91
Lorenchet de Tailly.	44
Lottard de Marcis (de).	144
Lutzelbourg (de).	4

M.

	Pages.
Macheco (de).	73-76-121
Macheco de Premeaux (de).	44-73-113-149-121-130-165
Maillard.	99
Maillard (de).	54
Mailly (de).	88
Mairetet de Minot.	70-113-130-149
Mairetet de Thorey.	70-113-130-132-133-149
Maizière (de).	12-33
Maléchard.	113
Maleteste de Villey.	130-169
Mallet du Parc (de).	61
Malvin de Montazet (de).	26
Manneville (de).	168
Marbeuf (de).	29
Martineau de Soleine.	72
Martinon.	177
Masson.	16-17
Masson-Gindrez.	137
Maublanc de Martenet.	130-138
Mayneaud de Pancemont.	9-18-138-172
Mayou d'Annoy.	106-113-128-129-168
Mercier de Mercey.	148-166
Mesmes d'Avaux (de).	12
Mesnard-Chousy (de).	33
Micault de Courbeton.	49-148-170
Michard.	140
Migieu (de).	7-45-52-57-73-84
Millanois.	104
Millard.	127
Mille.	149
Millière.	48
Montamant (de).	78
Montanier de Belmont.	145
Montchevaire (de).	59

	Pages.
Montherot (de)	143-150-167
Montiers de Mérinville (des)	25
Montjustin (de)	36
Moreau	17-37
Motmans (de)	89
Moucheron (de)	78
Moustier (du)	32
Mucie (de)	1-82

N.

Nadault	107-113-130
Nardot	106
Nayme de Cuiseaux	139-154
Nayme des Oriols	139
Nesde (de)	155
Niepce	95
Noblet	56-68
Noinville (de)	47
Noirot	43-62
Normant	9-14-67
Normant du Monceau	62-64-67-84
Nugues	19

P.

Panay	74
Pannelle	44-66
Paparel	89-158
Papillon	117
Parigot de Santenay	59
Parseval (de)	156
Pasquier de Villars	120
Passerat de La Chapelle	140-145-151
Pélissier	122
Pelletier de Cléry	55-85-134-163
Pérard	16-17-40-77-100-113-130-131
	137-178
Pérard de La Vaivre	6-51-54
Pernot d'Escrots	83-84
Perreney d'Athézan	44-96
Perreney d'Aubigny	44
Perreney de Baleure	44-130-144
Perreney de Grosbois	3-40-55-84-94-178
Perret	65
Perrin de Corbeton	74-130-154
Perrin de Cypierre	69-94
Petit	35-42-66
Petitot de Chalencey	49
Phélippeaux	158
Piffond	95
Poissonnier de Prusley	177
Poncet de La Rivière	28

	Pages.
Port de Loriol (du)	167
Port de Montplaisant (du)	8
Portail	15-52
Pouffier	51
Poulet	176
Poulletier de Suzenet	167
Pourcher	64-67-119-129-144
Pra-Balaysaulx (de)	49
Prieur	162
Puget de Chardenoux (du)	134

Q.

Quarré	138-154
Quarré de Dracy	43
Quarré d'Étroyes	63-70
Quarré de Gergy	94
Quarré de Givry	56
Quarré de Livron	92
Quarré de Monay	97-146
Quarré de Quintin	43-56-178
Quarré de Russilly	103-166
Quarré du Plessis	128
Quirot	70
Quirot de Poligny	136

R.

Ranfer de Bretenières	152-166
Raviot	95-106-113-130
Regnauld de Bellescize (de)	104
Regnault	119
Rémond	46-88
Renault de Boucly	18
Requeleyne (de)	40-43
Richard d'Escrots	83-84-113-130-156
Richard de Montaugé	83-84-113-130-164
Richard de Ruffey	44-103-113-130-159
Richard de Vesvrotte	14
Rigoley	96-108
Rigoley de Chevigny	65
Rigoley de Mismont	65
Rigoley d'Ogny	65
Rigoley de Puligny	96
Rigolier de Parcey	64-130-138
Rivérieulx (de)	157
Rivière (de)	107
Robin d'Aspremont	45-129-145
Robin d'Orliénas	147-161
Roy	117
Rollet de La Tour des Prost	62
Rougeot de Turcey	150

S.

	Pages.
Saint-Belin de Vaudremont (de)	32
Sallier	73
Sallier de La Roche	58
Santans (de)	80
Sas (de)	33
Schenck (de)	155
Scorion	18
Seguin	133
Seguin de La Motte	70-168
Seguin de Leuseul	104
Sennevoy (de)	32-33
Servan	139
Seurot	58-69-77
Simon de Grandchamp	127
Simonnot	92
Siry (de)	96
Soitre	139
Sousselier de Boissiat	148
Suremain de Flamerans	35-36-44-48-66-77-85-103-134-172

T.

	Pages.
Tapin de Perrigny	10-57
Tardieu de Maleyssie	71
Teissier	105
Thésut de Ragy (de)	6
Thierriat de Cruzille	165
Thierry	174
Thomas	97-98-146
Tisserand	175
Tondutti de La Balmondière	9
Tournon (de)	18
Trouvé	31
Truchis de Serville (de)	17-160
Trudaine (de)	19-170

V.

	Pages.
Vaillant	75
Varenne de Longvoy	63-113-126-130-139
Vassal	33
Vassart (de)	32
Vauthier	116
Venot	90-149
Verchère	17-39-52-53-68-130
Verchère d'Arceau	146
Verchère d'Arcelot	16-53-56-68-89-99-104-113-130-146-160
Vergnette	74
Vienne (de)	32-56-83
Villedieu de Torcy	62-69-106-130-168
Villemot	43
Vincent de Montarcher	89-130-158
Violet	102
Violet de La Faye	116
Virely	136
Vitte	105
Vogüé (de)	24-37
Voisières de Crapado (de)	71
Voisin	113
Voivelle	9-11
Vouty de La Tour	157

FIN DE LA TABLE.

LE PARLEMENT DE BOURGOGNE

DEPUIS SON ÉTABLISSEMENT,

SELON L'ORDRE DE LA CRÉATION ET DE LA SUCCESSION DES CHARGES, AVEC LES NOMS DES MAGISTRATS QUI LES ONT POSSÉDÉES.

ÉTAT GÉNÉRAL DU PARLEMENT DE BOURGOGNE.

PREMIERS PRÉSIDENTS.

	Années des réceptions.	Volumes.[1]	Pages.
Jean Jouard.	1476	I.	40
Jean Jaquelin.	1477	ibid.	41
Léonard des Potots.	1481	ibid.	42
Guy de Rochefort.	1489	ibid.	43
Christophe de Carmone.	1497	ibid.	47
Jean Douret.	1498	ibid.	49
Philibert de La Ferté.	1504	ibid.	49
Humbert de Villeneuve.	1505	ibid.	50
Hugues Fournier.	1515	ibid.	51
Claude Patarin.	1525	ibid.	52
Jean Baillet.	1551	ibid.	54
Claude Le Fèvre.	1554	ibid.	54
Jean de La Guesle.	1566	ibid.	55
Denis Bruslard.	1570	ibid.	56
Nicolas Bruslard.	1610	ibid.	57
Jean-Baptiste Le Goux de La Berchère.	1627	ibid.	58
Pierre Le Goux de La Berchère.	1630	ibid.	59
Antoine Bretagne.	1637	ibid.	65
Jean Bouchu.	1644	ibid.	66
Louis Lambe.	1654	II.	1
Nicolas Bruslard de La Borde.	1657	ibid.	2
Pierre Bouchu.	1693	ibid.	3
Jean de Berbisey.	1716	ibid.	4
Claude-Philibert Fyot de La Marche.	1745	III.	1
Jean-Philippe Fyot de La Marche.	1757	ibid.	2
Charles de Brosses.	1775	ibid.	3
Bénigne Legouz de Saint-Seine.	1777	ibid.	6

[1] Le chiffre I indique l'ouvrage de Palliot ; le chiffre II celui de Petitot, et le chiffre III le présent volume. On a laissé en blanc les années de réceptions inconnues.

PRÉSIDENTS A MORTIER.

Première charge créée par Louis XI, en 1480.

	Années des réceptions.	Volumes.	Pages.
Léonard DES POTOTS.	1481	I.	68
Thomas DE PLAINES.	1483	ibid.	68
Philibert DE LA FERTÉ.	1492	ibid.	69
Guillaume DES DORMANS.	1506	ibid.	69
Hugues FOURNIER.	1512	ibid.	70
Claude PATARIN.	1515	ibid.	70
Guy DE MOREAU.	1526	ibid.	70
Jean BAILLET.	1540	ibid.	72
Jacques SAYVE.	1551	ibid.	72
Fiacre HUGON DE LA REYNIE.	1568	ibid.	76
Bénigne FRÉMIOT.	1581	ibid.	85
George DE SOUVERT.	1611	ibid.	91
Jacques SAYVE.	1616	ibid.	92
Jean DE LA CROIX DE CHEVRIÈRES.	1642	ibid.	97
Bernard BERNARD.	1652	II.	6
Étienne BERNARD.	1682	ibid.	15
Jean BOUHIER.	1704	ibid.	21
Louis-Alexandre-Catherin DU PORT DE MONTPLAISANT.	1727	ibid.	31
François-Marie BERNARD DE SASSENAY.	1751	III.	8
Antoine-Louis VERCHÈRE D'ARCELOT.	1777	ibid.	16

Seconde charge de président créée par François Ier, en 1537.

Jacques GODRAN.	1538	I.	71
Odinet GODRAN.	1563	ibid.	75
Guillaume DE MONTHOLON.	1581	ibid.	83
Claude BOURGEOIS.	1582	ibid.	86
Vincent ROBELIN.	1608	ibid.	89
Lazare ROBELIN.	1630	ibid.	95
Pierre BAILLET.	1653	II.	7
Claude DE SOUVERT.	1675	ibid.	13
Jean-Baptiste DE LA MARE.	1696	ibid.	19
Pierre-Anne CHESNARD DE LAYÉ.	1751	III.	9
Jean-Baptiste-François MAYNEAUD DE PANCEMONT.	1782	ibid.	18

Troisième charge de président créée par Henri II, en 1553.

	Années des réceptions.	Volumes.	Pages.
Claude Bourgeois.	1553	I.	73
François Alixand.	1554	ibid.	74
Jean-Baptiste Agneau-Bégat.	1571	ibid.	77
Bénigne La Verne.	1572	ibid.	79
Nicole de Montholon.	1585	ibid.	87
Jean-Baptiste Le Goux de La Berchère.	1604	ibid.	89
Denis Bruslard.	1627	ibid.	93
Nicolas Bruslard.	1650	II.	6
François-Bernard Jacob.	1657	ibid.	8
Pierre-François-Bernard Legrand.	1704	ibid.	22
Philibert-Bernard Gagne de Perrigny.	1715	ibid.	26
Bénigne Bouhier de Lantenay.	1756	III.	11
Jean Pérard.	1780	ibid.	17

Quatrième charge de président créée par Henri III, en 1576.

Bernard des Barres.	1578	I.	80
Perpétuo Berbisey.	1597	ibid.	88
Pierre des Barres.	1611	ibid.	91
Bernard des Barres.	1642	ibid.	97
Bénigne Bouhier.	1665	II.	9
Antide de Migieu.	1689	ibid.	16
Abraham-François de Migieu.	1717	ibid.	28
Jean-François-Gabriel-Bénigne Chartraire de Bourbonne.	1735	III.	7
Marc-Antoine-Bernard-Claude Chartraire de Bourbonne.	1758	ibid.	12
Frédéric-Henri Richard de Ruffey.	1776	ibid.	14

Cinquième charge de président créée par Henri III, en 1580.

Pierre Jeannin.	1581	I.	81
Nicolas Bruslard.	1602	ibid.	89
Benoît Giroud.	1610	ibid.	90
Philippe Giroud.	1633	ibid.	95
Claude Frémiot.	1644	ibid.	100
Jean de Berbisey.	1674	II.	11
Jean de Berbisey.	1704	ibid.	20
Jean Bouhier de Chevigny.	1716	ibid.	27
Charles de Brosses.	1741	III.	7
Jean-Vivant Micault de Courbeton.	1783	ibid.	19

ÉTAT GÉNÉRAL

Sixième charge de président créée par Louis XIII, en 1630.

	Années des réceptions.	Volumes.	Pages.
Denis BOUTHILLIER.	1630	I.	93
Jean BOUCHU.	1631	ibid.	95
George JOLY.	1644	ibid.	100
Jacques DE MUCIE.	1681	II.	14
Philippe FYOT DE LA MARCHE.	1705	ibid.	23
Claude-Philibert FYOT DE LA MARCHE.	1718	ibid.	29
Jean-Philippe FYOT DE LA MARCHE.	1747	III.	8
François-Henri D'ANTHÈS DE LONGEPIERRE.	1767	ibid.	13

Septième charge de président créée par Louis XIII, en 1636.

Philippe FYOT DE LA MARCHE.	1637	I.	96
Jean FYOT DE LA MARCHE.	1666	II	10
Antoine-Bernard GAGNE.	1675	ibid.	12
Benoît LEGOUZ-MAILLARD.	1687	ibid.	15
Bénigne-Germain LEGOUZ DE SAINT-SEINE.	1710	ibid.	25
Bénigne LEGOUZ DE SAINT-SEINE.	1745	III.	7

Huitième charge de président créée par Louis XIV, en 1691.

Jean BOUHIER DE VERSAILLEUX.	1691	II.	17
Lazare BAILLET.	1710	ibid.	24
Nicolas-Claude PERRENEY DE GROSBOIS.	1720	ibid.	30
Germain-Anne LOPPIN DE MONTMORT.	1752	III.	10
Nicolas JANNON.	1777	ibid.	16

Neuvième charge de président créée par Louis XIV, en 1691.

François-Bernard LECOMPASSEUR DE COURTIVRON.	1692	II.	18
Jean LECOMPASSEUR DE COURTIVRON.	1698	ibid.	20
Jacques-Vincent LANGUET-ROBELIN DE ROCHEFORT.	1729	ibid.	32
Louis-Philibert-Joseph JOLY DE BÉVY.	1777	III.	15

CHEVALIERS D'HONNEUR.

Première charge créée par Louis XI, en 1480.

	Années des réceptions.	Volumes.	Pages.
Philippe Pot.	1480	I.	116
Claude DE VAUDREY.	1494	ibid.	123
Philippe BOUTON.	»»	ibid.	125
Jean DE COURCELLES.	1514	ibid.	127
Charles DE COURCELLES.	»»	ibid.	129
Africain DE MAILLY.	1532	ibid.	129
Hélion DE MAILLY.	1545	ibid.	131
Antoine DE VIENNE DE BEAUFFREMONT.	1560	ibid.	132
Pierre DE COURCELLES.	1571	ibid.	138
Jean DE NAGU DE VARENNES.	1581	ibid.	139
François DE NAGU DE VARENNES.	1597	ibid.	139
Roger DE NAGU DE VARENNES.	1639	ibid.	140
Charles DE HÉNIN DE LIÉTART	1682	II.	41
René-Bernard SAYVE.	1685	ibid.	42
François-Bernard SAYVE.	1692	ibid.	43
Louis DE VIENNE DE COMMARIN.	1697	ibid.	44
Armard-Jean DE SENNEVOY.	1736	III.	32
François-Marie DE SENNEVOY.	1752	ibid.	33

Seconde charge de chevalier d'honneur créée par Louis XI, en 1480.

Michaud DE CHAUGY.	»»	I.	122
Henri DE CHISSEY.	1480	ibid.	123
Charles DE MYPONT.	»»	ibid.	124
Girard DE VIENNE.	1516	ibid.	128
François DE VIENNE.	1537	ibid.	130
Guillaume DE SAULX.	1559	ibid.	132
Gaspard DE SAULX-TAVANNES.	1565	ibid.	133
Jean DE SAULX-TAVANNES.	1565	ibid.	137
Henri DE SAULX-TAVANNES.	1632	ibid.	140
Gaspard D'AMANZÉ.	1654	II.	39
Jean-François DE CHANLECY.	1661	ibid.	40
Louis-Joseph DE CHANLECY DE PLUVAULT.	1711	ibid.	45
Jacques DE BRANCION.	1756	III.	34
Pierre-Bernard DE FONTETTE DE SOMMERY.	1763	ibid.	35
Charles-Marie DE FONTETTE DE SOMMERY.	1767	ibid.	36

CONSEILLERS.

DOUZE CHARGES DE CONSEILLERS ONT ÉTÉ CRÉÉES PAR LOUIS XI, EN 1480.

Première charge créée en 1480.

CONSEILLERS CLERCS.

	Années des réceptions.	Volumes.	Pages.
Léonard DES POTOTS.	1480	I.	142
Guy DE ROCHEFORT.	1481	ibid.	150
Antoine DE SAINT-ANTHOST.	» »	ibid.	183
Jacques DE VINTEMILLE.	1550	ibid.	198
Jean-Baptiste AGNEAU-BÉGAT.	1553	ibid.	204
Jean FYOT.	1571	ibid.	224
Claude PÉTO.	1581	ibid.	242
Jean GONTHIER.	1604	ibid.	271
Antoine COMEAU.	1630	ibid.	295
Jean FYOT DE LA MARCHE.	1650	II.	49
Antoine ESPIARD DE SAULX.	1666	ibid.	80
Hugues DAVID.	1696	ibid.	161
Henri BAZIN.	1734	III.	42
Jacques-Henri BOUSSARD DE LA CHAPELLE.	1775	ibid.	135

Seconde charge créée en 1480.

CONSEILLERS CLERCS PUIS LAÏQUES.

Guillaume DE GANAY.	1480	I.	142
Jean DAZU.	1481	ibid.	149
Jean PRÉVÔT.	1490	ibid.	155
Jean LE BLOND.	1494	ibid.	156
Lazare DE MONTHOLON.	1524	ibid.	174
André DE LEVAL.	1531	ibid.	176
François DE LEVAL.	1537	ibid.	185
Guillaume VIROT.	1555	ibid.	214
Étienne BERNARDON.	1580	ibid.	240
Guillaume BERNARDON.	1627	ibid.	291
Joseph DE GRENAUD.	1672	II.	86
Abraham QUARRÉ DE DRACY.	1695	ibid.	158
Louis BUTARD DES MONTOTS.	1735	III.	43
Bruno-Clément DE COLMONT.	1784	ibid.	164

DU PARLEMENT.

Troisième charge créée en 1480.

CONSEILLERS CLERCS.

	Années des réceptions.	Volumes.	Pages.
Robert Brinon.	1480	I.	143
Pierre de Xaintonge.	1510	ibid.	166
Jean de Xaintonge.	1542	ibid.	193

Quatrième charge créée en 1480.

CONSEILLERS LAÏQUES.

Pierre de Vers.	1480	I.	146
Jean Landroul.	1487	ibid.	154
Philibert Berbis.	1531	ibid.	173
Philippe Berbis.	1551	ibid.	201
Pierre Boursault.	1577	ibid.	237
Palamède Jaquot.	1603	ibid.	269
Nicolas Jaquotot.	1608	ibid.	276
Jean Bernard.	1656	II.	62
Bernard Bernard de Trouhans.	1677	ibid.	110
Edme-Étienne-François Champion de Nansousthil.	1711	ibid.	191
Michel-Joseph Coeurderoy.	1758	III.	88
Étienne-Louis Champion de Nansousthil.	1768	ibid.	103
Edme-Vivant-Joseph Chevignard de La Palu.	1786	ibid.	172

Cinquième charge créée en 1480.

CONSEILLERS CLERCS PUIS LAÏQUES.

Étienne Lavengeot.	1480	I	144
Jean Charvot.	1482	ibid.	150
Jean Saulnier.	1498	ibid.	161
Jean Bouhier.	1512	ibid.	167
Jean Tisserand.	1532	ibid.	182
Nicole Le Roy.	1537	ibid.	184
Guillaume Rémond.	1541	ibid.	193
Jérôme de Cirey.	1553	ibid.	204
Bernard de Cirey.	1586	ibid.	249
Jean Bouchu.	1620	ibid.	289
Nicolas Valon.	1631	ibid.	298
Émiland Valon-Arviset.	1663	II.	74
Bénigne de Macheco.	1674	ibid.	99
Jean-Charles de Macheco.	1705	ibid.	181
Jean-Baptiste de Macheco de Premeaux.	1733	III.	41
Claude-Louis de La Loge de La Fontenelle.	1751	ibid.	76
Jean-Baptiste-Bénigne Charpy de Jugny.	1776	ibid.	137

Sixième charge créée en 1480.

CONSEILLERS CLERCS.

	Années des réceptions.	Volumes.	Pages.
Philibert Leçartey.	1480	I.	145
Guillaume de Macheco.	1488	ibid.	154
François Medula.	1512	ibid.	166
Edme Julien.	1516	ibid.	171
André Brocard.	1519	ibid.	172
Philibert Berbis.	1521	ibid.	173
Hugues Bault.	1531	ibid.	180
Guillaume Gautherot.	1549	ibid.	198
Léon Bellon.	» »	ibid.	191
Bénigne Bouhier.	1553	ibid.	205
Jean Bouhier.	1575	ibid.	230
Claude Lecompasseur.	1620	ibid.	289
Jacques Thomas.	1626	ibid.	249
Jacques Richard.	1642	ibid.	320
Jean Legouz.	1688	II.	133
Jean-Maurice-Léonard-Magdeleine Bureau de Saint-Pierre.	1733	III.	38
François Bizouard de Montille.	1778	ibid.	142

Septième charge créée en 1480.

CONSEILLERS LAÏQUES.

Étienne des Potots.	1480	I.	145
Philippe Bouton.	1493	ibid.	156
Claude Patarin.	1511	ibid.	166
Claude de Tournon.	1516	ibid.	170
Bénigne La Verne.	1535	ibid.	184
Bénigne La Verne.	1573	ibid.	227
Jean Folin.	1593	ibid.	255
Jean Folin.	1615	ibid.	285
Bénigne Legrand.	1641	ibid.	316
Charles Bonneau.	1644	ibid.	323
Claude Guillard.	1646	ibid.	325
Nicolas-Bénigne du Gay.	1650	II.	49
Louis de Beuverand.	1655	ibid.	60
Pierre Rigoley.	1675	ibid.	106
Pierre Rigoley de Chevigny	1704	ibid.	171
Claude-Jean Rigoley d'Ogny.	1745	III.	65

Cette charge a été supprimée par édit de Louis XV du mois de septembre 1765, et remboursée par le Parlement.

Huitième charge créée en 1480.

CONSEILLERS LAÏQUES.

	Années des réceptions.	Volumes.	Pages.
Antoine DE LOYSIE.	1480	I.	147
Mongin CONTAULT.	1506	ibid.	164
Philippe MOISSON.	1534	ibid.	180
Philippe BATAILLE.	1540	ibid.	192
Jean BATAILLE.	1548	ibid.	192
Artus DE LA VESVRE.	1558	ibid.	216
Joseph DE VEZON.	1581	ibid.	241
Jean GALOIS.	1596	ibid.	262
Charles-Bénigne DE THÉSUT.	1608	ibid.	277
Jacques-Auguste ESPIARD DE VERNOT.	1665	II.	77
Pierre ESPIARD-HUMBERT D'ALLEREY.	1722	ibid.	230
Auguste-Louis-Zacharie ESPIARD D'ALLEREY.	1752	III.	79
Jacques COTTIN DE JONCY.	1775	ibid.	131

Neuvième charge créée en 1480.

CONSEILLERS LAÏQUES.

Philibert DE LA FERTÉ.	1480	I.	147
Guy DE SALINS.	1492	ibid.	155
Chrétien DE MACHECO.	1526	ibid.	175

Cette charge a été supprimée en 1538.

Dixième charge créée en 1480.

CONSEILLERS LAÏQUES.

Guillaume BATAILLE.	1480	I.	148
Aubert DE CARMONE.	1499	ibid.	161
Étienne SAYVE.	1527	ibid.	178
François SAYVE.	1567	ibid.	218
Jean BLONDEAU.	1581	ibid.	243
François BLONDEAU.	1593	ibid.	255
Denis BRUSLARD DE LA BORDE.	1619	ibid.	288
Philippe GIROUD.	1627	ibid.	292
Michel DE LA BOUTIÈRE.	1636	ibid.	310
André BERNARD.	1686	II.	130
Jean-Baptiste BERNARD DE CHANTEAU.	1714	ibid.	207
Marc-Antoine-Bernard-Claude CHARTRAIRE DE BOURBONNE.	1756	III.	86

Cette charge a été supprimée par édit de Louis XV du mois de septembre 1765, et remboursée par le Parlement.

Onzième charge créée en 1480.

CONSEILLERS LAÏQUES.

	Années des réceptions.	Volumes.	Pages.
Hugues NOBLET.	1480	I.	147
Artus VURRY.	1484	ibid.	150
Jacques GODRAN.	1485	ibid.	151
Guillaume CHAMBELLAN.	1496	ibid.	158
Jacques GODRAN.	1521	ibid.	173
Étienne BERBISEY.	1538	ibid.	183

Douzième charge créée en 1480.

CONSEILLERS LAÏQUES.

Jean GUITON.	1480	I.	149
Michel RICCIO.	1496	ibid.	158
Gautier BROCARD.	1502	ibid.	162
Jacques GALYEN.	1506	ibid.	165
Jean PÉRICARD.	1514	ibid.	169

Cette charge a été supprimée par François Ier, en 1527.

QUATRE NOUVELLES CHARGES DE CONSEILLERS ONT ÉTÉ CRÉÉES PAR CHARLES VIII, EN 1485.

Première charge créée en 1485.

CONSEILLERS LAÏQUES.

Jean DE JANLEY.	1486	I.	151
Thomas BOUESSEAU.	1503	ibid.	164
André BROCARD.	1521	ibid.	172
Guillaume GAUTHEROT.	1556	ibid.	198
Claude BROCARD.	1574	ibid.	196
Simon HUGON DE LA REYNIE	1588	ibid.	251
Bénigne SAUMAISE.	1594	ibid.	258
Antoine BRETAGNE.	1641	ibid.	317
Pierre FÉVRET.	1674	II.	98
Philippe FYOT DE LA MARCHE.	1685	ibid.	126
Claude LOPPIN DE GEMEAUX.	1705	ibid.	180
Louis-Arnaud DE LA BRIFFE.	1727	ibid.	241
Jean-François-Gabriel-Bénigne CHARTRAIRE DE BOURBONNE.	1734	III.	42
Abraham-Guy DE MIGIEU.	1738	ibid.	52
Chrétien-Gaspard DE MACHECO DE PREMEAUX	1749	ibid.	73
Charles-Élisabeth LOPPIN DE PREIGNEY.	1785	ibid.	165

Seconde charge créée en 1485.

CONSEILLERS CLERCS.

	Années des réceptions.	Volumes.	Pages.
Antoine DE SALINS.	1486	I.	152
Léon BELLON.	1512	ibid.	168
Nicolas DE CHATEAU-MARTIN.	1514	ibid.	169
Jacques GIRARD.	1528	ibid.	179
Antoine DE SALINS.	1532	ibid.	181
Guillaume DE LA COLONGE.	1553	ibid.	204
Louis ODEBERT.	1573	ibid.	228
Jacques MORIN.	1629	ibid.	293
Pierre LEGOUZ-MORIN.	1649	II.	47
Étienne MILLIÈRE.	1680	ibid.	116
André FILZJAN DE TALMAY.	1711	ibid.	190
Louis-Henri FILZJAN DE SAINTE-COLOMBE.	1748	III.	69
Melchior-Bénigne-Marie COCHET DU MAGNY.	1763	ibid.	94

Troisième charge créée en 1485.

CONSEILLERS LAÏQUES.

François DE LA BOUTIÈRE.	1486	I.	152
Nicole CHESLEY.	1497	ibid.	160
Léon BELLON	1514	ibid.	168
François MEDULA.	1516	ibid.	166
Josse CHARPENTIER.	1518	ibid.	172
Guy DE MOREAU.	1522	ibid.	174
Pierre BELRIENT.	1527	ibid.	176
Jean TISSERAND.	1537	ibid.	181
Jacques DE VINTEMILLE.	1551	ibid.	198
Philibert TIXIER.	1582	ibid.	244
Jacques BOSSUET.	1597	ibid.	239
Pierre SAUMAISE.	1612	ibid.	282
Abraham-François BOURÉE DE CHOREY.	1651	II.	52
Pierre-Bernard TAPIN.	1689	ibid.	138
Benoît-Étienne BERTHIER.	1713	ibid.	199
Jacques-Claude BLANCHE.	1716	ibid.	213
François MAUBLANC DE MARTENET.	1732	ibid.	252
Jean-Baptiste-François MAYNEAUD DE PANCEMONT.	1776	III.	138
Louis-François BRUNET DE MONTHELIE.	1786	ibid.	172

Quatrième charge créée en 1485.

CONSEILLERS CLERCS PUIS LAÏQUES.

	Années des réceptions.	Volumes.	Pages.
Jean Rolin.	1486	I.	153
Aubert de Carmonne.	1497	ibid.	160
Humbert Le Goux.	1499	ibid.	162
Jean Raviet.	1514	ibid.	170
Philippe Moisson.	1529	ibid.	180
François Alixand.	1553	ibid.	205
Claude Bretagne.	1555	ibid.	212
Claude Bretagne.	1602	ibid.	268
Jean-Baptiste Pouffier.	1629	ibid.	292
Hector-Bernard Pouffier.	1681	II.	121
Jean-Baptiste Gagne de Pouilly.	1737	III.	51
Nicolas-Jean-Baptiste Baillyat de Broindon.	1775	ibid.	133

Charge de conseiller laïque, dont on ne trouve pas la création.

Jacques Godran, qui n'eut point de successeurs.	1494	I.	157

Charge de conseiller clerc, dont on ne trouve pas la création.

Jean Briçonnet, qui n'eut point de successeurs.	1505	I.	163

QUATRE CHARGES DE CONSEILLERS LAÏQUES ONT ÉTÉ CRÉÉES PAR FRANÇOIS Ier, EN 1523.

Première charge créée en 1523.

Lazare de Montholon.	1523	I.	174
André de Leval.	1524	ibid.	176
Étienne Berbisey.	1534	ibid.	183
Nicolas de Recourt.	1538	ibid.	190
Didier Sayve.	1571	ibid.	225
Antoine de La Grange.	1576	ibid.	234
Isaac Bretagne.	1588	ibid.	252
Nicole Chifflot.	1594	ibid.	259
Jean de Poligny.	1597	ibid.	264
Prudent Boisselier.	1620	ibid.	282
Antoine-Bernard Gagne.	1645	ibid.	324
Pierre de Brosses.	1676	II.	107
Charles de Brosses.	1704	ibid.	174
Jean-Baptiste Bazin.	1724	ibid.	237
Louis-Joseph Perreney de Baleure.	1735	III.	44
Jean-Baptiste Deforest.	1778	ibid.	144

DU PARLEMENT.

Seconde charge de conseiller laïque, créée en 1523.

	Années des réceptions.	Volumes.	Pages.
Chrétien DE MACHECO.	1523	I.	175
Antoine FYOT.	1554	ibid.	210
Bernard DES BARRES.	1575	ibid.	234
Bénigne OCQUIDEM.	1578	ibid.	238
Jean-Baptiste LANTIN.	1608	ibid.	277
Philippe LANTIN.	1641	ibid.	316
Jean-Baptiste LANTIN.	1652	II.	51
Claude LANTIN.	1692	ibid.	148
Jean-Étienne-Bernard DE CLUGNY.	1749	III.	71

Cette charge a été supprimée par édit de Louis XV, et remboursée par le Parlement.

Troisième charge de conseiller laïque, créée en 1523.

Pierre BELRIENT.	1523	I.	176
Jean FRÉMIOT.	1527	ibid.	178
André FRÉMIOT.	1563	ibid.	217
Gabriel BRENOT.	1575	ibid.	231
Gabriel DES BARRES.	1611	ibid.	273
Jean DE SOUVERT.	1628	ibid.	292
Claude DE SOUVERT.	1662	II.	72
Jean-Baptiste BAUYN.	1674	ibid.	102
Jacques DE MUCIE.	1697	ibid.	163
Antoine-Louis DE MUCIE.	1720	ibid.	228

Cette charge a été supprimée par édit de Louis XV, et remboursée par le Parlement.

Quatrième charge de conseiller laïque, créée en 1523.

Étienne JULIEN, qui n'a pas eu de successeurs.	1524	I	177

HUIT CHARGES DE CONSEILLERS LAÏQUES ONT ÉTÉ CRÉÉES PAR FRANÇOIS Ier, EN 1537, LORS DE L'ÉTABLISSEMENT DE LA TOURNELLE.

Première charge créée en 1537.

Hugues BRIET.	1537	I.	185
Jacques GUYOTAT.	1554	ibid.	206
Claude BOURGEOIS.	1561	ibid.	216
François FYOT.	1593	ibid.	254
George BERBISEY.	1637	ibid.	311
George BERBISEY.	1678	II.	113
Nicolas THOMAS.	1710	ibid.	185
Jean-Marie FYOT DE DRACY.	1765	III.	98
François-Jean-Baptiste CLOPIN DE BESSEY.	1775	ibid.	133
Louis-Pierre BELLET DE TAVERNOST DE SAINT-TRIVIER.	1783	ibid.	161

Seconde charge de conseiller laïque, créée en 1537.

	Années des réceptions.	Volumes.	Pages.
Jean BAILLET.	1537	I.	186

Cette charge a été supprimée en 1547.

Troisième charge de conseiller laïque, créée en 1537.

Pierre COUSSIN.	1537	I.	186
Guillaume RÉMOND.	1554	ibid.	206
Jean VÉTUS.	1571	ibid.	222
Jean THOMAS.	1571	ibid.	224
Jacques THOMAS.	1586	ibid.	249
Claude LECOMPASSEUR.	1625	ibid.	289
François-Bernard LECOMPASSEUR.	1660	II.	67
Jean BOUHIER.	1693	ibid.	150
Bernard BERNARD DE SASSENAY.	1704	ibid.	172
Jean-Louis MALETÊTE DE VILLEY.	1727	ibid.	243
Pierre-Théodore CATTIN DE RICHEMONT DE VILLOTTE.	1785	III.	169

Quatrième charge de conseiller laïque, créée en 1537.

Pierre GIRARDOT.	1537	I.	187
Étienne MILLET.	1572	ibid.	227
Charles-Emmanuel DE MONGEY.	1615	ibid.	285
Pierre BAILLET.	1649	ibid.	329
Philibert DE LA MARE.	1652	II.	58
Claude GARRON DE CHATENAY.	1681	ibid.	120
Antoine-Jean LENET.	1697	ibid.	164
Jean-François JOLY DE CHINTRÉ.	1718	ibid.	219
Louis-Philibert-Joseph JOLY DE BÉVY.	1755	III.	86
Bénigne-Antoine GARRELET DE LOISY.	1777	ibid.	141

Cinquième charge de conseiller laïque, créée en 1537.

Philibert COLIN.	1537	I.	187
Guy CATHERINE	1574	ibid.	228
Jean BERBISEY.	1595	ibid.	260
Jacques BERBISEY.	1624	ibid.	290
Jean DE BERBISEY.	1660	II.	67
Antoine GAGNE.	1674	ibid.	98
Philibert-Bernard GAGNE DE PERRIGNY.	1711	ibid.	192
Claude GUYE DE VORNES.	1717	ibid.	208
Pierre-François GAUTHIER.	1749	III.	72

DU PARLEMENT.

Sixième charge de conseiller laïque, créée en 1537.

	Années des réceptions.	Volumes.	Pages.
Edme Julien.	1537	I.	189
Maclou Popon.	1554	ibid.	207
Perpétue Berbisey.	1577	ibid.	237
Pierre des Barres.	1600	ibid.	267
Jean-François Rémond de Gand.	1612	ibid.	283
Pierre Bouchu.	1670	II.	84
Jean Quarré.	1690	ibid.	144
Jean-Pierre Burteur.	1714	ibid.	203
Pierre Filzjan de Talmay.	1736	III.	49
Antoine-Bernard Carrelet de Loisy.	1783	ibid.	160

Septième charge de conseiller laïque, créée en 1537.

Jean Le Blond, qui n'a pas eu de successeurs.	1538	I.	189

Huitième charge de conseiller laïque, créée en 1537.

Bénigne Baissey.	1540	I.	192
Claude Colard.	1566	ibid.	217

Après ces deux magistrats, cette charge a été supprimée.

QUATRE CHARGES DE CONSEILLERS ONT ÉTÉ CRÉÉES PAR FRANÇOIS Ier, EN 1542.

Première charge créée en 1542.

CONSEILLERS CLERCS.

Edme Bégat.	1543	I	194
Jean Ocquidem.	1555	ibid.	214
Michel Millière.	1587	ibid.	250
Pierre Catherine.	1603	ibid.	268
Bénigne de Macheco.	1634	ibid.	299
Chrétien-Jérôme de Macheco.	1641	ibid.	317
Philippe Bernard.	1651	II.	53
Pierre Févret.	1666	ibid.	79
Marc-Antoine de Clugny.	1712	ibid.	194
François-Ignace Espiard de La Borde.	1753	III.	80
Jacques-Pierre Quarré de Monay.	1779	ibid.	140

Seconde charge créée en 1542.

CONSEILLERS LAÏQUES.

Lazare Morin.	1543	I.	195
Barthélemi Gagne.	1552	ibid.	203

	Années des réceptions.	Volumes.	Pages.
Jean GAGNE.	1576	I.	235
Paul DU MAY.	1611	ibid.	280
Pierre DU MAY.	1647	ibid.	327
François THOMAS.	1675	II.	104
Claude-Joseph GUYE DE LABERGEMENT.	1695	ibid.	159
Louis-Marie-Nicolas D'ARLAY.	1736	III.	48
Antoine-Louis VERCHÈRE D'ARCELOT.	1768	ibid.	104
Louis-Hyacinthe VERCHÈRE D'ARCEAU.	1779	ibid.	146

Troisième charge créée en 1542.

CONSEILLERS LAÏQUES.

Nicole VALON.	1554	I.	209
Jacques VALON.	1575	ibid.	229
Philippe BERBIS.	1599	ibid.	266
François LE BOULTS.	1646	ibid.	326
Charles-Bénigne DE THÉSUT.	1649	ibid.	329
Alexandre PERNOT D'ESCROTS.	1704	II.	173
Germain-Anne LOPPIN DE MONTMORT.	1731	ibid.	251
Claude FYOT DE MIMEURE.	1754	III.	84
Nicolas QUIROT DE POLIGNY.	1776	ibid.	136

Quatrième charge créée en 1542.

CONSEILLERS CLERCS.

Claude BROCARD.	1545	I.	196
Pierre DE LA GRANGE.	1581	ibid.	240
Jean MORIN.	1612	ibid.	283
Jacques VALON.	1618	ibid.	287
Étienne BOSSUET.	1652	II.	54
Jean LEBAULT.	1676	ibid.	108
Étienne FILZJAN DE GRAND'MAISON.	1687	ibid.	127
Pierre NORMANT.	1714	ibid.	205
Jean-Léonard BUREAU DE LIVRON.	1745	III.	64
Étienne GENREAU.	1766	ibid.	102

Charge de conseiller laïque, créée par François Ier, en 1543.

Jean CATHERINE, qui n'a pas eu de successeurs.	1543	I.	194

TROIS NOUVELLES CHARGES, DONT UNE DE PRÉSIDENT ET DEUX DE CONSEILLERS, ONT ÉTÉ CRÉÉES PAR FRANÇOIS Ier, EN 1543, POUR FINIR LES REQUÊTES DU PALAIS.

(Ces charges furent réunies à celles du Parlement lors de la suppression de la première chambre des requêtes, en 1546.)

DU PARLEMENT.

Charge de président aux requêtes, créée en 1543.

	Années des réceptions.	Volumes.	Pages.
Claude Bourgeois, qui n'a pas eu de successeurs.	» »	I.	195

Première charge des requêtes, créée en 1543.

Bernard de Cirey, qui n'a pas eu de successeurs.	1543	I.	195

Seconde charge des requêtes, créée en 1543.

Jean de Maillerois.	1544	I.	196
Jean de Maillerois, qui occupa cette charge en qualité de conseiller laïque et n'eut point de successeurs.	1575	ibid.	230

Charge de conseiller garde des sceaux en la chancellerie près le Parlement, créée par Henri II en 1552.

Odinet Godran.	1552	I.	204
Jean Blondeau.	1581	ibid.	243
François Blondeau.	1593	ibid.	255
Étienne Bernard.	1594	ibid.	256
François Blondeau.	1616	ibid.	280
Antoine Comeau.	1644	ibid.	295
Philippe Fyot de La Marche.	» »	II.	10
Jean Fyot de La Marche.	1669	ibid.	10
Philippe Fyot de La Marche.	1685	ibid.	126
Claude-Philibert Fyot de La Marche.	1718	ibid.	218
Jacques-Philippe Fyot de Neuilly.	1722	ibid.	233
Claude Varenne de Longvoy.	1743	III.	63
Melchior Nayme de Cuiseaux.	1777	ibid.	139
Jean-Baptiste Bouthier de Rochefort.	1782	ibid.	154

TROIS CHARGES DE CONSEILLERS LAÏQUES ONT ÉTÉ CRÉÉES PAR HENRI II, EN 1554.

Première charge créée en 1554.

Philibert Chisseret.	1554	I.	210
Vincent Robelin.	1571	ibid.	223
Jean Fyot.	1579	ibid.	224
Jean Massol.	1599	ibid.	266
Jacques Fyot.	1623	ibid.	290
Jacques de Thésut.	1646	ibid.	325
Jean de La Motte.	1672	II.	85
Philibert Jehannin.	1678	ibid.	114
Étienne Dagonneau de Marcilly.	1699	ibid.	169
Étienne Dagonneau de Marcilly.	1724	ibid.	236
Jean-Claude Perreney de Grosbois.	1739	III.	55
Louis-Étienne Lorenchet de Melonde.	1762	ibid.	91

ÉTAT GÉNÉRAL

Seconde charge de conseiller laïque, créée en 1554.

	Années des réceptions.	Volumes.	Pages.
Claude DE FERRIÈRES, qui n'a pas eu de successeurs.	1554	I.	211

Troisième charge de conseiller laïque, créée en 1554.

Jean BAILLET, qui n'a pas eu de successeurs.	1555	I.	211

Charge de conseiller clerc, dont on ne trouve pas la création.

Artus DE CHASSAGNE, qui n'eut point de successeurs.	1555	I.	215

HUIT CHARGES DE CONSEILLERS LAÏQUES ONT ÉTÉ CRÉÉES PAR CHARLES IX, EN 1568.

Première charge créée en 1568.

Jules DE GANAY.	1568	I.	219
Pierre JEANNIN.	1579	ibid.	240
Jean MORIN.	1581	ibid.	241
Benoît GIROUD.	1596	ibid.	261
François BLONDEAU.	1611	ibid.	280
Bénigne LEGOUZ.	1634	ibid.	306
Pierre LEGOUZ.	1674	II.	95
Bénigne-Germain LEGOUZ DE SAINT-SEINE.	1706	ibid.	182
Philibert DURAND D'AUXY.	1711	ibid.	189
Antoine-Jean-Gabriel LEBAULT.	1728	ibid.	244
Pierre DE MONTHEROT DE BELIGNEUX.	1778	III.	143
Claude-Louis-Marguerite POULLETIER DE SUZENET.	1785	ibid.	167

Seconde charge de conseiller laïque, créée en 1568.

Pierre ODEBERT.	1568	I.	220
Guillaume MILLIÈRE.	1592	ibid.	252
Vincent ROBELIN.	1593	ibid.	253
Claude LENET.	1608	ibid.	276
Pierre LENET.	1637	ibid.	310
Benoît-Palamède BAUDINOT.	1641	ibid.	318
Claude-Palamède BAUDINOT.	1663	II.	72
Claude-Palamède BAUDINOT.	1693	ibid.	153
Denis-François RIGOLEY.	1704	ibid.	179
Pierre PARISOT DE SAINTE-SABINE.	1707	ibid.	182
Claude DE LA MICHODIÈRE.	1712	ibid.	193
Guillaume JOLY.	1717	ibid.	216
Antoine JOLY DE BLAISY.	1719	ibid.	221
Jean-Charles FILZJAN DE SAINTE-COLOMBE.	1741	III.	58
Bénigne-Alexandre-Victor-Barthélemi LEGOUZ DE SAINT-SEINE.	1784	ibid.	162

Troisième charge de conseiller laïque, créée en 1568.

	Années des réceptions.	Volumes.	Pages.
Nicolas Berbis.	1568	I.	220
Jean Quarré.	1588	ibid.	251
Claude Frémiot.	1620	ibid.	288
François Bailly.	1644	ibid.	322
Louis Girard.	1673	II.	92
Bénigne Fleutelot.	1687	ibid.	131
Claude Fleutelot de Beneuvre.	1716	ibid.	214
Pierre-Jacques-Barthélemi Guenichot de Nogent.	1786	III.	171

Quatrième charge de conseiller laïque, créée en 1568.

Bénigne Tisserand.	1569	I.	221
Jean-Jérôme Tisserand.	1596	ibid.	261
Henri-François Garnier.	1641	ibid.	219
Guillaume Joly de Norges.	1674	II.	94
Hugues-Jean-Baptiste Bazin.	1694	ibid.	157
Charles de Brosses.	1730	ibid.	246
Jean Bouhier de Fontaine.	1742	III.	60
Bernard-Étienne Pérard.	1751	ibid.	77

Cette charge a été supprimée par édit de Louis XV, et remboursée par le Parlement.

Cinquième charge de conseiller laïque, créée en 1568.

Jérôme Saumaise.	1569	I.	221
Émiland Arviset.	1606	ibid.	273
Richard Valon-Arviset.	1652	II.	55
Hubert Guyard.	1672	ibid.	87
Hugues Guyard.	1704	ibid.	178
Joseph-Louis Perrin de Cypierre.	1725	ibid.	239
Jean Villedieu.	1730	ibid.	250
François-Louis Mayou d'Aunoy.	1770	III.	106
Jean-Marie-Raphaël Villedieu de Torcy.	1785	ibid.	168

Sixième charge de conseiller laïque, créée en 1568.

François Briet.	1572	I.	226
André Moisson.	1605	ibid.	272
Bernard Moisson.	1634	ibid.	305
Jean Fleutelot.	1653	II.	59
Louis Gonthier.	1693	ibid.	154
Claude Varenne.	1720	ibid.	223
Jean Cothenot de Mailly.	1724	ibid.	235
Charles-Marie Fevret de Fontette.	1736	III.	46
François Boulard de Gatellier.	1780	ibid.	147

ÉTAT GÉNÉRAL

Septième charge de conseiller laïque, créée en 1568.[1]

	Années des réceptions.	Volumes.	Pages.
Claude Bourgeois.	1571	I.	225
Jean Fyot.	1576	ibid.	235
Philippe Fyot.	1617	ibid.	286
Jacques de Mucie.	1638	ibid.	314
Jacques de Mucie.	1663	II.	73
Jean Bouhier de Versailleux.	1682	ibid.	122
Jean-Baptiste de La Mare.	1691	ibid.	146
Denis Rigoley.	1697	ibid.	162
Jacques-Vincent Languet-Robelin de Rochefort.	1725	ibid.	239
Jean-Étienne Quarré de Givry.	1731	ibid.	248
Philibert Verchère d'Arcelot.	1740	III.	56
Antoine Esmonin de Dampierre.	1766	ibid.	99
Jean Pérard.	1776	ibid.	137
Pierre-Bénigne-Anne Guyard de Balon.	1781	ibid.	152

Huitième charge de conseiller laïque, créée en 1568.

Robert Baillet.	» »	I.	226
Jacques Baillet.	1595	ibid.	260
Jean-Baptiste Baillet.	1627	ibid.	291
Philippe de Villers.	1630	ibid.	294
Lazare de Villers.	1663	II.	73
Guillaume Languet-Robelin de Rochefort.	1686	ibid.	129
Pierre-Philibert Languet-Robelin de Rochefort.	1716	ibid.	212
Philibert Jehannin.	1717	ibid.	217
Jean-Claude de France.	1739	III.	55
François Pelletier de Cléry.	1754	ibid.	85
Hugues-Jean Brunet de Barain.	1775	ibid.	134
François Mercier de Mercey.	1780	ibid.	148
Simon-Pierre-Bernard-Marie Ranfer de Bretenières.	1785	ibid.	166

SIX CHARGES DE CONSEILLERS AU PARLEMENT, COMMISSAIRES AUX REQUÊTES DU PALAIS, ONT ÉTÉ CRÉÉES PAR HENRI III, EN 1575.

Première charge de commissaire aux requêtes, créée en 1575.

Jean de Montbard	1576	I.	231
Claude Catherine.	1581	ibid.	244

[1] Palliot, qui répète en plusieurs endroits que Charles IX créa huit charges de conseillers en 1568, ne nomme pas le premier titulaire de la septième et de la huitième de ces charges, et, quand il cite Claude Bourgeois et Robert Baillet, il avoue qu'il n'a pu découvrir l'origine de leurs charges. N'est-il pas probable que ces magistrats occupèrent les deux dernières charges créées en 1568, car le rang qu'ils tiennent dans le Parlement répond très-bien à cette date? Quoi qu'il en soit, il est certain qu'ils eurent pour successeurs immédiats, l'un Jean Fyot et l'autre Jacques Baillet.

DU PARLEMENT.

	Années des réceptions.	Volumes.	Pages.
Étienne Bouhier.	1607	I.	274
Prudent Boisselier.	1611	ibid.	281
Gaspard Gonthier.	1620	ibid.	289
Jacques Richard.	1647	ibid.	328
Jean-Baptiste Lantin.	1651	II.	51
Jean Pérard.	1653	ibid.	56
Antoine-Baltazar Derequeleyne.	1688	ibid.	137
Jean Coeurderoy.	1735	III.	43
Jean Chiquet de Champrenard.	1769	ibid.	105

Seconde charge de commissaire aux requêtes, créée en 1575.

Pierre Quarré.	1576	I.	232
Gabriel des Barres.	1606	ibid.	273
Claude Potet.	1611	ibid.	281
Bernard-Anne Potet.	1638	ibid.	313
Jules Pérard.	1641	ibid.	319
Étienne Pérard.	1678	II.	112
Jules-François Pérard.	1714	ibid.	206
Charles-Claude Dévoyo.	1766	III.	100
Benjamin-Edme Nadault.	1770	ibid.	107

Troisième charge de commissaire aux requêtes, créée en 1575.

Claude Bretagne.	1576	I.	232
Jean de Xaintonge.	1579	ibid.	239
Antoine Morisot.	1615	ibid.	284
Nicolas-Lazare Morisot.	1651	II.	50
Antoine Morisot.	1686	ibid.	128
Pierre Léaulté.	1720	ibid.	226
François-Marie Quarré.	1764	III.	97

Cette charge a été supprimée par edit de Louis XV en 1767, et remboursée par le Parlement.

Quatrième charge de commissaire aux requêtes, créée en 1575.

Pierre Bouhier.	1576	I.	233
Philibert Rozerot.	1616	ibid.	286
Simon Guyet.	1649	ibid.	330
Antoine-Claude Guye de Vornes.	1675	II.	105
Claude Guye de Vornes.	1710	ibid.	188
Jean Rigoley.	1716	ibid.	209
Benjamin-François Leclerc.	1720	ibid.	227
Samuel-François Rigolier de Parcey.	1742	III.	61
Charles Joleau de Saint-Maurice.	1776	ibid.	138

Cinquième charge de commissaire aux requêtes, créée en 1575.

	Années des réceptions.	Volumes.	Pages.
Pierre DE VAUX.	1576	I.	236
Jules BRETAGNE.	1587	ibid.	250
René PERRET.	1609	ibid.	278
Pierre RIGOLET.	1638	ibid.	315
Pierre TAPIN.	1661	II.	69
Pierre-François-Bernard LEGRAND.	1687	ibid.	122
Lazare BAILLET.	1704	ibid.	175
Claude LEMULIER.	1713	ibid.	200
Jean-Élisabeth MILLE.	1722	ibid.	231
Jacques-Antoine-Louis VENOT.	1780	III.	149

Sixième charge de commissaire aux requêtes, créée en 1575.

Jacques BOSSUET.	1579	I.	239
George DE SOUVERT.	1597	ibid.	264
Nicolas DE GAULE.	1613	ibid.	284
Charles BLANOT.	1638	ibid.	315
Philibert JANNON.	1660	II.	66
Louis JANNON.	1689	ibid.	141
Philippe SUREMAIN DE FLAMERANS.	1713	ibid.	201
Jean BONNARD.	1736	III.	48

Cette charge a été supprimée par édit de Louis XV en 1767, et remboursée par le Parlement.

Charge de président aux requêtes du palais, créée en 1576.

Claude BOURGEOIS.	1576	I.	225
Philippe BAILLET.	1586	ibid.	247
Jean-Baptiste LE GOUX DE LA BERCHÈRE.	1595	ibid.	260
Pierre ODEBERT.	1604	ibid.	270
Philibert POTET.	1645	ibid.	324
Jean COEURDEROY.	1656	II.	61
Étienne COEURDEROY.	1684	ibid.	124
François COEURDEROY.	1723	ibid.	234

Cette charge a été supprimée en 1770.

DEUX CHARGES DE CONSEILLERS LAÏQUES ONT ÉTÉ CRÉÉES PAR HENRI III, EN 1581.

Première charge créée en 1581.

Jean BOULON.	1584	I	245
Bénigne MILLETOT.	1586	ibid.	246
Guy-Anne MILLETOT.	1631	ibid.	296
Jean-Bénigne MILLETOT.	1660	II.	65

DU PARLEMENT.

	Années des réceptions.	Volumes.	Pages.
François PÉRARD DE LA VAIVRE.	1683	II.	123
Bénigne LEGOUZ DE SAINT-SEINE.	1739	III.	54
Jean-Baptiste-Claude SUREMAIN DE FLAMERANS.	1746	ibid.	66
Frédéric-Henri RICHARD DE RUFFEY.	1768	ibid.	103
Claude-Philibert-Marie-Casimir FYOT DE MIMEURE.	1783	ibid.	159

Seconde charge de conseiller laïque, créée en 1581.

Jean COTHENOT.	1584	I.	245
Étienne SAYVE.	1596	ibid.	261
Girard SAYVE.	1629	ibid.	294
François-Bernard JACOB.	1651	II.	52
Jean-Claude JACOB.	1658	ibid.	63
Jean BAILLET.	1680	ibid.	118
Bénigne DE CIREY.	1693	ibid.	155
Jacques MALETÊTE.	1699	ibid.	168
François-Aimé-Jacques GAGNE DE POUILLY.	1712	ibid.	197
Nicolas JANNON.	1756	III.	86
Guillaume BUREAU.	1778	ibid.	144
Claude-Antoine VOUTY DE LA TOUR.	1783	ibid.	157

DEUX CHARGES DE CONSEILLERS LAÏQUES ONT ÉTÉ CRÉÉES PAR HENRI III, EN 1589.

Première charge créée en 1589.

Jacques FÉVRET.	1595	I.	259
Jean DE BRENUGAT.	1617	ibid.	286
Pierre CATHERINE.	1633	ibid.	268
Nicolas DE LA THOISON.	1646	ibid.	326
Jean-Baptiste LANTIN.	1674	II.	100
Joseph BERTHIER.	1688	ibid.	136
Jean-Baptiste GARRON DE CHATENAY.	1693	ibid.	156
Louis-Alexandre-Catherin DU PORT DE MONTPLAISANT.	1720	ibid.	228
Claude-Antoine CORTOIS-HUMBERT.	1727	ibid.	242
Joseph-Gabriel JUILLET DE SAINT-PIERRE.	1782	III.	153

Seconde charge de conseiller laïque, créée en 1589.

André FRÉMIOT.	1599	I.	265
Jean MASSOL.	1603	ibid.	270
Jean MASSOL.	1629	ibid.	293
Claude DE MAILLARD.	1669	II.	83
Philibert DE MAILLARD.	1720	ibid.	225
Pierre-François COTTIN DE JONCY.	1738	III.	54
Alexandre-André GIRAU DE VESVRE.	1766	ibid.	101

ÉTAT GÉNÉRAL

DEUX CHARGES DE CONSEILLERS ONT ÉTÉ CRÉÉES PAR HENRI IV, EN 1595.

Première charge créée en 1595.

CONSEILLERS CLERCS.

	Années des réceptions.	Volumes.	Pages.
Jacques Vignier.	1596	I.	262
Antoine Bretagne.	1597	ibid.	262
Pierre Le Belin.	1634	ibid.	306
Charles d'Arlay.	1672	II.	89
Jean Bouhier.	1693	ibid.	150
Antoine Bouhier.	1704	ibid.	175
Jean Legouz.	1738	III.	51
Louis-François Verchère.	1747	ibid.	68

Seconde charge créée en 1595.

CONSEILLERS LAÏQUES.

Jean Jaquot	1600	I.	267
Antoine Jaquot.	1620	ibid.	288
Pierre Sayve.	1661	II.	68
Claude Delacoste-Thoiriat.	1662	ibid.	70
Claude de La Thoison.	1690	ibid.	143
Jacques-Charles Févret de Fontette.	1709	ibid.	183
François-Bernard Normant.	1730	ibid.	247
Pierre-Anne Chesnard de Layé.	1747	III.	67
Philippe Barbuot de Palaiseau.	1751	ibid.	78

DEUX CHARGES DE CONSEILLERS LAÏQUES ONT ÉTÉ CRÉÉES PAR HENRI IV, EN 1596.

Première charge créée en 1596.

Guillaume Millière.	1597	I.	252
Michel Millière.	1618	ibid.	287
Philibert-Bernard Lenet.	1663	II.	75
Philippe-Eugène de Mongey.	1688	ibid.	134
Jean-Bénigne David de Villars.	1724	ibid.	236
Philippe-Bénigne Bouhier de Versailleux.	1733	III.	37
Jean-Marie Bouhier-Bernardon.	1742	ibid.	60
Guillaume Raviot.	1763	ibid.	95
Jean-Antoine Raviot.	1770	ibid.	106

Seconde charge de conseiller laïque, créée en 1596.

Étienne Bouhier.	1611	I.	274
Benoît Bouhier.	1641	ibid.	318
Jean Bouhier.	1650	II.	50

	Années des réceptions.	Volumes.	Pages.
Catherine Fleury.	1674	II.	93
Claude-Bénigne Fleury.	1695	ibid.	160
Louis Charpy de Saint-Usage.	1720	ibid.	222
Nicolas Charpy de Billy.	1733	III.	39

Cette charge a été supprimée et remboursée par le Parlement.

Charge de conseiller commissaire aux requêtes du palais, créée par Henri IV en 1610.

Claude Bossuet.	1610	I.	279
Jacques Bossuet	1642	ibid.	320
Jean de La Croix.	1646	ibid.	327
Pierre Fournier.	1675	II.	103
Hugues-Jean-Baptiste Bazin.	1691	ibid.	145
Claude Lebault.	1694	ibid.	157
Étienne Filzjan de Talmay.	1713	ibid.	198
Antoine Juillet de Saint-Pierre.	1754	III.	81

Charge de conseiller président aux requêtes du palais, créée par Louis XIII en 1630.

François Gaillard.	1633	I.	305
Guy de Migieu.	1643	ibid.	321
Antide de Migieu.	1681	II.	120
Anselme-Bernard Fyot de Vaugimois.	1689	ibid.	142
Marc-Antoine Denizot.	1710	ibid.	184
Bénigne Fardel de Daix.	1736	III.	47
Louis Fardel de Daix.	1769	ibid.	104

Charge de conseiller commissaire aux requêtes du palais, créée par Louis XIII en 1630.

Pierre Floris.	1631	I.	302
André Fleutelot.	1649	II.	48
Guillaume Burteur.	1678	ibid.	111
Jean Burteur.	1679	ibid.	117
Antoine Cottin de La Barre.	1702	ibid.	170
Denis Barbuot.	1730	ibid.	249

ÉTABLISSEMENT DE LA CHAMBRE DES ENQUÊTES, ET CRÉATION DE DIX CHARGES DE CONSEILLERS LAÏQUES PAR LOUIS XIII, EN 1630.

Première charge créée en 1630.

Claude Vignier.	1630	I.	295
Bénigne Berbis.	1633	ibid.	304

	Années des réceptions.	Volumes.	Pages.
Jacques BERBIS.	1665	II.	76
Pierre BERBIS.	1691	ibid.	145
François DEPIZE.	1704	ibid.	177
Pierre QUARRÉ D'ÉTROYES.	1722	ibid.	232
Henri MAIRETET DE THOREY.	1748	III.	70

Seconde charge de conseiller laïque, créée en 1630.

Claude BRETAGNE.	1631	I.	297
Bernard-Anne POTET.	1641	ibid.	313
Benoît LEGOUZ-MAILLARD.	1674	II.	97
Jean DE BERBISEY.	1687	ibid.	131
François ESPIARD DE VERNOT.	1698	ibid.	165
Charles PERRENEY D'ATHÉZAN.	1728	ibid.	245
Claude-Denis-Marguerite RIGOLEY.	1763	III.	96
Bénigne-Bernard LEGOUZ DE SAINT-SEINE.	1770	ibid.	108
Pierre-Anthelme PASSERAT DE LA CHAPELLE.	1777	ibid.	140
Germain-Henri DE LA GRANGE.	1781	ibid.	151

Troisième charge de conseiller laïque, créée en 1630.

Jean BOUHIER.	1631	I.	297
Bénigne BOUHIER.	1655	II.	61
Jacques BLANOT.	1672	ibid.	88
Antoine-Bernard BOUHIER.	1693	ibid.	151
Bénigne BOUHIER DE LANTENAY.	1747	III.	68
Jacques-Philibert GUENICHOT DE NOGENT.	1757	ibid.	87

Quatrième charge de conseiller laïque, créée en 1630.

Bénigne DE MACHECO.	1631	I.	299
Eustache LE BOULANGER.	1634	ibid.	307
Jean CATTIN.	1635	ibid.	309
Hector CATTIN.	1660	II.	64
Edme GONTHIER.	1668	ibid.	81
Jean JEHANNIN.	1689	ibid.	140
Antoine JEHANNIN-ARVISET	1719	ibid.	220
Jean-Baptiste-François JEHANNIN DE CHAMBLANC.	1741	III.	59
Jean-Baptiste DE BEUVERAND.	1762	ibid.	92

Cinquième charge de conseiller laïque, créée en 1630.

Jérôme MÉRAULT.	1631	I.	300
Noël FAVIER.	1632	ibid.	303

DU PARLEMENT.

	Années des réceptions.	Volumes.	Pages.
Jean-Baptiste DE CHAUMELIS.	1635	I.	307
Nicolas RICHARD.	1688	II.	135
Charles RICHARD	1716	ibid.	215
Andoche RICHARD D'ESCROTS.	1754	III.	83
Anne-Philibert-François DE BASTARD.	1782	ibid.	156

Sixième charge de conseiller laïque, créée en 1630.

Jean MAILLARD.	1631	I.	300
Charles DE LA BOUTIÈRE.	1676	II.	109
Charles D'ARLAY.	1687	ibid.	132
Antoine-Claude VERCHÈRE D'ARCELOT.	1714	ibid.	204
Jean-François VINCENT DE MONTARCHER.	1760	III.	89
Claude-Jacques-François VINCENT DE MONTARCHER.	1783	ibid.	158

Septième charge de conseiller laïque, créée en 1630.

Jean DE BULLION.	1631	I.	301
François VEDEAU.	1632	ibid.	303
Jean JAQUOTOT.	1635	ibid.	308
Philibert DE LA MARE.	1637	ibid.	311
Philippe DE LA MARE.	1674	II.	96
Pierre DE LA MARE.	1712	ibid.	192
Philippe DE LA MARE.	1738	III.	53
Joseph-Étienne-Jean DE LAGOUTTE.	1775	ibid.	132

Huitième charge de conseiller laïque, créée en 1630.

Bernard DES BARRES.	1631	I.	302
Claude MALETÊTE.	1643	ibid.	321
Étienne MALETÊTE.	1673	II.	91
Jacques VITTE.	1704	ibid.	176
Charles-Claude DEVOYO.	1770	III.	105

Neuvième charge de conseiller laïque, créée en 1630.

Bénigne BERNARD.	1631	I.	302
Jean-Jacques LE BELIN.	1673	II.	90
Jean-Baptiste DEREQUELEYNE DE BARAIN.	1712	ibid.	195
Philibert-André FLEUTELOT DE MARLIEN.	1733	III.	40
Jean-Henri-Bernard JOLY DE BÉVY.	1788	ibid.	173

Dixième charge de conseiller laïque, créée en 1630.

George JOLY.	1631	I.	303
Jules-César FAVRE.	1644	ibid.	323
Nicolas PERRENEY.	1647	ibid.	328

	Années des réceptions.	Volumes.	Pages.
Nicolas PERRENEY DE GROSBOIS.	1679	II.	115
Nicolas-Claude PERRENEY DE GROSBOIS.	1711	ibid.	190
Antoine-Bénigne LAMY DE SAMEREY.	1720	ibid.	224
Pierre-Antoine ROBIN D'ASPREMONT.	1735	III.	45
Jean-Philibert CONSTANTIN DE SURJOUX.	1779	ibid.	145

Charge de conseiller laïque créée par Louis XIII, en 1632.

François BRETAGNE.	1633	I.	304
Joseph-François BRETAGNE.	1672	II.	84
François-Pierre BRETAGNE DE GRIGNON.	1710	ibid.	187
Claude-Philippe DE LA LOGE DE BROINDON.	1724	ibid.	235
Jean-Marie BÉGIN D'ORGEUX.	1763	III.	93
Claude LE BELIN.	1784	ibid.	162

QUATRE CHARGES DE CONSEILLERS LAÏQUES ONT ÉTÉ CRÉÉES PAR LOUIS XIII, EN 1636.

Première charge créée en 1636.

Jean-Louis DE MONGEY.	1637	I.	310
Antoine-Bernard COMEAU.	1674	II.	101
François-Anne CHARTRAIRE.	1710	ibid.	186
Jean-François LEMULIER DE BRESSEY.	1737	III.	50
Jean LEMULIER DE BRESSEY.	1761	ibid.	90
Claude-Pierre DUVAL D'ESSERTENNE.	1780	ibid.	150
Louis-Victor-Élisabeth PELLETIER DE CLÉRY.	1784	ibid.	163

Seconde charge de conseiller laïque, créée en 1636.

Étienne BOSSUET.	1637	I.	312
Claude ESPIARD DE LA COUR.	1653	II.	57
Claude ESPIARD DE LA COUR.	1684	ibid.	123
Claude ESPIARD DE LA COUR.	1712	ibid.	196
Pierre-Bernard-Philibert ESPIARD DE LA COUR.	1741	III.	57
Bénigne-Charles FÉVRET DE SAINT-MESMIN.	1759	ibid.	88
Jean-Baptiste-Alexandre-François GODEAU D'ENTRAIGUES.	1782	ibid.	155

Troisième charge de conseiller laïque, créée en 1636.

Jean DE CIREY.	1637	I.	312
Pierre BOURÉE.	1668	II.	82
Bertrand DE LA MICHODIÈRE.	1680	ibid.	119
Claude FLEUTELOT.	1699	ibid.	166
Joseph-Ignace ROLLET DE LA TOUR DES PROST.	1721	ibid.	229
Jean-Philippe FYOT DE LA MARCHE.	1743	III.	62
Vivant-Mathias-Léonard-Raphaël VILLEDIEU DE TORCY.	1748	ibid.	69

DU PARLEMENT.

Quatrième charge de conseiller laïque, créée en 1636.

	Années des réceptions.	Volumes.	Pages.
Edme-Bernard PERBET.	1638	I.	313
Claude-Bernard GAILLARD DE MONTIGNY.	1666	II.	78
Étienne DE CLUGNY.	1689	ibid.	139
Étienne DE CLUGNY.	1716	ibid.	211
François-Bernard ARTHAUD.	1743	III.	62
Jean-François NORMANT DU MONCEAU.	1745	ibid.	64
Charles RICHARD DE MONTAUGÉ.	1754	ibid.	84
Edme-Joseph-Rosalie DE BRUÈRE DE ROCHEPRISE.	1784	ibid.	164

Charge de conseiller commissaire aux requêtes du palais, créée par Louis XIII en 1636.

Jacques FÉVRET.	1638	I.	314
Abraham QUARRÉ.	1662	II.	71
Julien CLOPIN.	1684	ibid.	125
Jean-Bénigne DAVID DE VILLARS.	1713	ibid.	202
Joseph-Marie LEMULIER.	1724	ibid.	238
Nicolas PERRIN DE CORBETON.	1749	III.	74
Claude ANDRÉ DE CHAMPCOUR.	1780	ibid.	151

Charge de conseiller commissaire aux requêtes du palais, créée par Louis XIV en 1691.

Guy CHARTRAIRE DE SAINT-AIGNAN.	1691	II.	147
Philippe-Claude DE LA LOGE DE BROINDON.	1716	ibid.	208
Pierre NORMANT DU MONCEAU.	1726	ibid.	240
Jacques POURCHER.	1746	III.	67
Gilbert BALARD DE LA CHAPELLE.	1777	ibid.	141

TROIS CHARGES DE CONSEILLERS LAÏQUES ONT ÉTÉ CRÉÉES PAR LOUIS XIV, EN 1691.

Première charge créée en 1691.

George-Bernard JOLY DE DRAMBON.	1691	II.	146
François-Marie BERNARD DE SASSENAY.	1740	III.	57
Barthélemi CORTOIS DE QUINCEY.	1754	ibid.	82
Charles GRAVIER DE VERGENNES.	1776	ibid.	135
Jean-Vivant MICAULT DE COURBETON.	1780	ibid.	148
Joseph-Vivant MICAULT DE COURBETON.	1785	ibid.	170

Seconde charge de conseiller laïque, créée en 1691.

Jean LECOMPASSEUR DE COURTIVRON.	1692	II.	148
Jean-Baptiste-Jules DE RICARD.	1699	ibid.	167
Jean BOUHIER DE VERSAILLEUX.	1707	ibid.	182

	Années des réceptions.	Volumes.	Pages.
Bénigne COMEAU.	1716	II.	210
Hugues DE LA LOGE DU BASSIN.	1750	III.	75
Claude DE LA LOGE.	1775	ibid.	131

Troisième charge de conseiller laïque, créée en 1691.

François CHARTRAIRE DE BIERRE.	1692	II.	149
Abraham-François DE MIGIEU.	1706	ibid.	182
Alexandre MAIRETET DE MINOT.	1718	ibid.	218
Alexandre MAIRETET DE THOREY.	1780	III.	149

PROCUREURS GÉNÉRAUX.

Jean LE MAIRE.	1477	I	343
Jean ARBELOT.	1496	ibid.	344
Denis POILLOT.	1514	ibid.	345
Barthélemi GAGNE.	1516	ibid.	346
Barthélemi GAGNE.	1545	ibid.	347
Lazare MORIN.	1552	ibid.	347
Léonard THOMAS	1557	ibid.	348
Thomas BERBISEY.	1558	ibid.	348
Hugues PICARDET.	1588	ibid.	349
Pierre LENET.	1641	ibid.	350
Jacques DE GUILLON DE RICHEBOURG.	1649	II.	261
Denis LANGUET DE ROCHEFORT.	1654	ibid.	262
Claude PARISOT DE SAINTE-SABINE.	1682	ibid.	262
François QUARRÉ DE QUINTIN.	1709	ibid.	263
Louis QUARRÉ DE QUINTIN.	1724	ibid.	264
Jean-Claude PERRENEY DE GROSBOIS.	1750	III.	178
Bernard-Étienne PÉRARD.	1763	ibid.	178

DEUX CHARGES D'AVOCATS GÉNÉRAUX ONT ÉTÉ CRÉÉES PAR LOUIS XI, EN 1480.

Première charge d'avocat général.

Pierre BONFÉAL.	1480	I.	331
Jacques ARBALESTE.	1493	ibid.	334
Jean BAILLET.	»»	ibid.	335
Hélie MOISSON.	»»	ibid.	336
Jean SAYVE.	1526	ibid.	337
Olivier SAYVE.	1552	ibid.	338
Bénigne FRÉMIOT.	1573	ibid.	339
Pierre BOURSAULT.	1582	ibid.	339
Jean MAILLARD.	1586	ibid.	339

DU PARLEMENT.

	Années des réceptions.	Volumes.	Pages.
Marc-Antoine MILLOTET.	1594	I.	340
Marc-Antoine MILLOTET.	1635	ibid.	341
Joseph DURAND.	1680	II.	256
Gaspard-Thibault THIERRY.	1709	ibid.	257
Charles-Catherine LOPPIN DE GEMEAUX.	1736	III.	174
Étienne-Henri COLAS.	1753	ibid.	175

Seconde charge d'avocat général, créée en 1480.

Étienne DE BEAUMONT.	1480	I.	332
Guy MARGUERON.	1483	ibid.	333
Jacques ARBALESTE.	1488	ibid.	334
Nicole DE MONTHOLON.	1493	ibid.	334
Jean DE LOISIE DES CLOPETS.	1496	ibid.	335
Jean SAYVE.	1522	ibid.	337
Paris JAQUOT.	1526	ibid.	337
Guillaume DE MONTHOLON.	1535	ibid.	338
Guillaume DE MONTHOLON.	1565	ibid.	339
Nicole DE MONTHOLON.	1566	ibid.	339
Guillaume LEGOUZ.	1586	ibid.	340
Pierre DE XAINTONGE.	1615	ibid.	341
Gaspard QUARRÉ.	1641	ibid.	342
Jean NICOLAS	1659	II.	255
François QUARRÉ D'ALIGNY.	1675	ibid.	255
François QUARRÉ DE QUINTIN.	1698	ibid.	257
Jean PARISOT DE CRUGEY.	1709	ibid.	258
Nicolas GENREAU.	1719	ibid.	259
Louis-Bernard GUYTON DE MORVEAU.	1762	III.	176
Louis-Joseph POISSONNIER DE PRUSLEY.	1783	ibid.	177

GREFFIERS EN CHEF.

Mongin CONTAULT.	1478	I.	351
Thomas BERBISEY.	1480	ibid.	351
Jean GROS.	1483	ibid.	351
Antoine GROS.	1483	ibid.	352
Jean CUEILLETTE.	1484	ibid.	353
George DU CHAMP.	1490	ibid.	354
Jean COTTEREAU.	1499	ibid.	354
Jacques AYROLDE.	1500	ibid.	355
Antoine ROBINEAU.	1506	ibid.	356
Didier DE RECOURT.	1507	ibid.	356

	Années des réceptions.	Volumes.	Pages.
Thierry FOUET DE DORNES.	1518	I.	357
Jean PRÉVÔT.	1522	ibid.	358
Bénigne SERRE.	1523	ibid.	358
Jacques FYOT.	1526	ibid.	359
Zacharie CHAPPELAIN.	1529	ibid.	360
Palamède GONTHIER.	1549	ibid.	360
Jean GONTHIER.	1554	ibid.	362
Barthélemi JOLY, *greffier criminel*.	1578	ibid.	363
Joseph GRIGUETTE, *greffier des présentations*.	1579	ibid.	365
Antoine JOLY, *qui réunit les trois greffes*.	1590	ibid.	365
Bénigne JOLY.	1634	ibid.	366
Antoine JOLY.	1687	II.	265
George JOLY.	1696	ibid.	266

Cette charge a été rachetée par le Parlement, en 1699.

ABBÉS DE CITEAUX, CONSEILLERS-NÉS AU PARLEMENT.

Jean DE CIREY.	1476	I.	102
Jacques DE PONTAILLIER.	1503	ibid.	103
Blaise D'AISEREY.	1516	ibid.	104
Guillaume N.	1517	ibid.	105
Guillaume FAUCONNIÈRE.	1521	ibid.	105
Jean LOISIER.	1540	ibid.	106
Louis DE BAISSEY.	1560	ibid.	108
Jérôme DE LA SOUCHIÈRES.	1564	ibid.	108
Nicolas BOUCHERAT.	1578	ibid.	110
Edme DE LA CROIX.	1584	ibid.	110
Nicolas BOUCHERAT.	1604	ibid.	111
Pierre DE NIVELLE.	1625	ibid.	112
Armand-Jean DU PLESSIS, cardinal DE RICHELIEU.	1635	ibid.	113
Claude VAUSSIN DE CORSAIN.	1645	ibid.	114
Jean PETIT.	1670	II.	34
Nicolas LARCHER.	1692	ibid.	35
Edme PERROT.	1714	ibid.	37
Andoche PERNOT.	1728	ibid.	38
François TROUVÉ.	1748	III.	31

ÉVÊQUES DE DIJON, CONSEILLERS-NÉS D'HONNEUR AU PARLEMENT.

Jean BOUHIER.	1732	III.	21
Claude BOUHIER.	1744	ibid.	22
Claude-Marc-Antoine d'APCHON.	1756	ibid.	23
Jacques-Joseph-François DE VOGUÉ.	1776	ibid.	24
René DES MONTIERS DE MÉRINVILLE.	1787	ibid.	25

CONSEILLERS D'HONNEUR ECCLÉSIASTIQUES AU PARLEMENT.

	Années des réceptions.	Volumes.	Pages.
Antoine de Malvin de Montazet.	» »	III.	26
Gabriel Cortois de Quincey.	» »	ibid.	27
Mathias Poncet de La Rivière.	1758	ibid.	28
Yves-Alexandre de Marbeuf.	1776	ibid.	29
Jean-Baptiste du Chilleau.	1785	ibid.	30

PARLEMENT MAUPEOU.

PREMIERS PRÉSIDENTS.

Jean-Philippe Fyot de La Marche.	1771	III.	113
Pierre-Anne Chesnard de Layé.	1772	ibid.	125

PRÉSIDENTS A MORTIER.

Pierre-Anne Chesnard de Layé.	1771	III.	113
François-Henri d'Anthès de Longepierre.	id.	ibid.	113
Chrétien-Gaspard de Macheco de Premeaux.	id.	ibid.	119
Antoine Esmonin de Dampierre.	1772	ibid.	124
Claude de La Loge de La Fontenelle.	id.	ibid.	125

CONSEILLERS PRÉSIDENTS.

Claude Fleutelot de Beneuvre.	1771	III.	113
Antoine-Jean-Gabriel Lebault.	id.	ibid.	ibid.

CONSEILLERS CLERCS.

Jean-Maurice-Léonard-Magdeleine Bureau de Saint-Pierre.	1771	III.	113
Henri Bazin.	id.	ibid.	ibid.
Étienne Genreau.	id.	ibid.	ibid.

CONSEILLERS LAÏQUES.

Alexandre Mairetet de Minot.	1771	III.	113
Denis Barbuot.	id.	ibid.	ibid.
Charles-Marie Févret de Fontette.	id.	ibid.	ibid.
Jean-Baptiste Gagne de Pouilly.	id.	ibid.	ibid.
Jean-Charles Filzjan de Sainte-Colombe.	id.	ibid.	ibid.
Claude Varenne de Longvoy.	id.	ibid.	ibid.
Henri Mairetet de Thorey.	id.	ibid.	ibid.
Chrétien-Gaspard de Macheco de Premeaux.	id.	ibid.	ibid.
Hugues de La Loge du Bassin.	id.	ibid.	ibid.

244 — ÉTAT GÉNÉRAL DU PARLEMENT.

	Années des réceptions.	Volumes.	Pages.
Philippe Barbuot de Palaiseau.	1771	III.	113
Claude-Louis de La Loge de La Fontenelle.	id.	ibid.	ibid.
Antoine Juillet de Saint-Pierre.	id.	ibid.	ibid.
Jacques-Philibert Guenichot de Nogent.	id.	ibid.	ibid.
Bénigne-Charles Fevret de Saint-Mesmin.	id.	ibid.	ibid.
Louis-Étienne Lorenchet de Melonde.	id.	ibid.	ibid.
Jean-Baptiste de Beuverand.	id.	ibid.	ibid.
Antoine Esmonin de Dampierre.	id.	ibid.	ibid.
Charles-Claude Dévoyo.	id.	ibid.	ibid.
Frédéric-Henri Richard de Ruffey.	id.	ibid.	ibid.
Jean-Antoine Raviot.	id.	ibid.	ibid.
François-Louis Mayou d'Aunoy.	id.	ibid.	ibid.
Benjamin-Edme Nadault.	id.	ibid.	ibid.
Jean-Hugues Violet de La Faye.	id.	ibid.	116
Guillaume-Augustin Calon.	id.	ibid.	117
Marc-Antoine-Joseph Juillet.	id.	ibid.	ibid.
Jean-Baptiste Arnoult.	id.	ibid.	118
Jean Regnault.	id.	ibid.	119
Hubert-Joseph Pasquier de Villars.	id.	ibid.	120
Jacques Durand de Salives.	1772	ibid.	121
Jean-Chrétien de Macheco.	id.	ibid.	ibid.
Pierre-Anne Coeurderoy.	id.	ibid.	122
François-Bernard Gauvain de Viriville.	id	ibid.	123
Jacques-Joseph Balay.	id.	ibid.	124
Augustin-François Le Belin d'Urcy.	id.	ibid.	125
Jean-Baptiste-Théodore Folin de Folin.	id.	ibid.	126
Denis-Joseph Simon de Grandchamp.	id.	ibid.	127
Barthélemi-Jacques Leclerc de Saint-Denis.	id.	ibid.	ibid.
Hubert-François Letors de Thory.	id.	ibid.	128
Claude Quarré du Plessis.	1774	ibid.	ibid.

GENS DU ROI.

Étienne-Henri Colas, avocat général.	1771	III.	113
Bernard-Étienne Pérard, procureur général.	id.	ibid.	ibid.
Louis-Bernard Guyton de Morveau, avocat général.	id.	ibid.	ibid.

SUBSTITUTS.

N... Maléchard.	1771	III.	113
N... Voisin.	id.	ibid.	ibid.
Guillaume-Augustin Calon.	id.	ibid.	ibid.

FIN DE L'ÉTAT GÉNÉRAL DU PARLEMENT DE BOURGOGNE.

TABLE ALPHABÉTIQUE

DES NOMS CITÉS DANS L'ÉTAT GÉNÉRAL DU PARLEMENT DE BOURGOGNE.

A.

	Pages
Agneau-Bégat	213-216
Aiserey (d')	242
Alixand	213-222
Amanzé (d')	215
André de Champcour	239
Anthès de Longepierre (d')	214-243
Apchon (d')	242
Arbaleste	240-241
Arbelot	240
Arlay (d')	226-234-237
Arnoult	244
Arthaud	239
Arviset	229
Ayrolde	244

B.

	Pages
Baillet	211-212-214-224-228-230-232 [233-240
Bailly	229
Baillyat de Broindon	222
Baissey	225
Baissey de	242
Balard de La Chapelle	239
Balay	244
Barbuot	235-243
Barbuot de Palaiseau	234-244
Barres (des)	213-223-225-231-237
Bastard (de)	237
Bataille	219
Baudinot	228
Bault	218
Bauyn	223
Bazin	216-222-229-235-243
Beaumont de	241
Bégat	225
Bégin d'Orgeux	238
Bellet de Saint-Trivier	223

	Pages
Bellon	218-221
Belrient	221-223
Berbis	217-218-226-229-235-236
Berbisey	211-213-220-222-223-224-225 [236-240-241
Bernard	212-217-219-225-227-237
Bernard de Chanteau	219
Bernard de Sassenay	212-224-239
Bernard de Tronhans	217
Bernardon	216
Berthier	221-233
Beuverand de	218-236-244
Bizouard de Montille	218
Blanche	221
Blanot	232-236
Blondeau	219-227-228
Boisselier	222-234
Bonféal	240
Bonnard	232
Bonneau	218
Bossuet	221-226-232-235-238
Boucherat	242
Bouchu	211-214-217-225
Bouesseau	220
Bouhier	212-213-217-218-224-231-234 [236-242
Bouhier-Bernardon	234
Bouhier de Chevigny	213
Bouhier de Fontaine	229
Bouhier de Lantenay	243-236
Bouhier de Versailleux	214-230-234-239
Boulard de Gatellier	229
Boulon	232
Bourée	238
Bourée de Chorey	221
Bourgeois	212-213-223-227-230-232
Boursault	217-240
Boussard de La Chapelle	216

	Pages.
Bouthier de Rochefort	227
Bouthillier	214
Bouton	215-218
Brancion (de)	215
Brenot	223
Brenugat (de)	233
Bretagne	214-220-222-231-232-234-236 [238
Bretagne de Grignon	238
Briçonnet	222
Briet	223-229
Brinon	217
Brocard	218-220-226
Brosses (de)	211-213-222-229
Bruère de Rocheprise (de)	239
Brunet de Barain	230
Brunet de Monthelie	221
Bruslard	211-213
Bruslard de La Borde	214-219
Bullion (de)	237
Bureau	233
Bureau de Livron	226
Bureau de Saint-Pierre	218-243
Burteur	225-235
Butard des Montots	216

C.

Calon	244
Carmone (de)	211-219-222
Carrelet de Loisy	224-225
Catherine	224-225-226-230-233
Cattin	236
Cattin de Richemont de Villotte	224
Chambellan	230
Champ (du)	241
Champion de Nansouslhil	217
Chanlecy (de)	215
Chanlecy de Pluvault (de)	215
Chappelain	242
Charpentier	221
Charpy de Billy	235
Charpy de Jugny	217
Charpy de Saint-Usage	235
Chartraire	238
Chartraire de Bierre	240
Chartraire de Bourbonne	213-219-220
Chartraire de Saint-Aignan	239
Charvot	217
Chassagne (de)	228
Château-Martin (de)	224
Chaugy (de)	215

	Pages.
Chaumelis (de)	237
Chesley	221
Chesnard de Layé	212-234-243
Chevignard de La Palu	217
Chifflot	222
Chilleau (du)	243
Chiquet de Champrenard	234
Chisseret	227
Chissey (de)	215
Cirey (de)	217-227-233-238-242
Clopin	239
Clopin de Baissey	223
Clugny (de)	223-225-239
Cochet du Magny	221
Cœurderoy	217-231-232-244
Colard	225
Colas	241-244
Colin	234
Colmont (de)	216
Comeau	216-227-238-240
Constantin de Surjoux	238
Contault	219-244
Cortois-Humbert	233
Cortois de Quincey	239-243
Cothenot	233
Cothenot de Mailly	229
Cottereau	244
Cottin de Joncy	219-233
Cottin de La Barre	235
Courcelles (de)	215
Coussin	234
Cueillette	244

D.

Dagonneau de Marcilly	227
David	216
David de Villars	234-239
Dazu	216
Deforest	222
Delacoste-Thoiriat	234
Denizot	235
Depize	236
Derequeleyne	231
Derequeleyne de Barain	237
Dévoyo	231-237-244
Dormans (des)	212
Douhet	241
Durand	241
Durand d'Auxy	228
Durand de Salives	244
Duval d'Essertenne	238

E.

	Pages
Esmonin de Dampierre	230-243-244
Espiard d'Allerey	219
Espiard de La Borde	225
Espiard de La Cour	238
Espiard de Saulx	216
Espiard de Vernot	219-236

F.

Fardel de Daix	235
Fauconnière	242
Favier	236
Favre	237
Ferrières de	228
Févret	220-225-233-239
Févret de Fontette	229-234-243
Févret de Saint-Mesmin	238-244
Filzjan de Grand'Maison	236
Filzjan de Sainte-Colombe	221-228-243
Filzjan de Talmay	221-225-235
Fleury	235
Fleutelot	229-235-238
Fleutelot de Beneuvre	229-243
Fleutelot de Marlien	237
Floris	235
Folin	218
Folin de Folin	244
Fontette de Sommery de	245
Fouet de Dornes	242
Fournier	214-242-235
France de	230
Frémiot	212-213-223-229-233-240
Fyot	216-223-227-230-242
Fyot de Dracy	223
Fyot de La Marche	211-214-216-220-227 [238-243
Fyot de Mimeure	226-233
Fyot de Neuilly	227
Fyot de Vaugimois	235

G.

Gagne	214-222-224-225-226-240
Gagne de Perrigny	213-224
Gagne de Pouilly	222-233-243
Gaillard	235
Gaillard de Montigny	239
Galois	219
Galyen	220
Ganay (de	216-228
Garnier	229

	Pages
Garron de Chatenay	224-233
Gaule (de)	232
Gautherot	218-230
Gauthier	224
Gauvain de Viriville	244
Genreau	226-241-243
Girard	221-229
Girardot	224
Girau de Vesvre	233
Giroud	243-219-228
Godeau d'Entraigues	238
Godran	212-220-222-227
Gonthier	216-229-231-236-242
Gravier de Vergennes	239
Grenand de	216
Griguette	242
Gros	244
Guay (du	218
Guenichot de Nogent	229-236-244
Guillard	218
Guillon de Richebourg (de	240
Guiton	220
Guyard	229
Guyard de Bâlon	230
Guye de Labergement	226
Guye de Vornes	224-231
Guyet	231
Guyotat	223
Guyton de Morveau	241-244

H.

Hénin de Liétart de	215
Hugon de La Reynie	212-220

J.

Jacob	213-233
Janley de	220
Jannon	214-232-233
Jaquelin	244
Jaquot	217-234-244
Jaquotot	217-237
Jeannin	213-228
Jehannin	227-230-236
Jehannin-Arviset	236
Jehannin de Chamblanc	236
Joleau de Saint-Maurice	231
Joly	214-228-237-242
Joly de Bévy	214-224-237
Joly de Blaisy	238
Joly de Chintré	224

	Pages.
Joly de Drambon	239
Joly de Norges	229
Jouard	211
Juillet	244
Juillet de Saint-Pierre	233-235-244
Julien	218-223-225

L.

La Boutière de	219-221-237
La Briffe de	220
La Colonge de	221
La Croix de	235-242
La Croix de Chevrières de	212
La Ferté de	214-212-219
Lagoutte de	237
La Grange de	222-226-236
La Guesle de	211
Laisné	211
La Loge de	240
La Loge de Broindon de	238-239
La Loge de La Fontenelle de	217-243-244
La Loge du Bassin de	240-243
La Mare de	212-224-230-237
La Michodière de	228-238
La Motte de	227
Lamy de Samerey	238
Landroul	247
Languet-Robelin de Rochefort	214-230
Languet de Rochefort	240
Lantin	223-231-233
Larcher	242
La Souchières de	242
La Thoison de	233-234
Lavengeot	217
La Verne	243-218
La Vesvre de	219
Leaulté	231
Lebault	226-228-235-243
Le Belin	234-237-238
Le Belin d'Urcy	244
Le Blond	216-225
Le Boulanger	236
Le Boults	226
Leçartey	218
Leclerc	231
Leclerc de Saint-Denis	244
Lecompasseur	218-224
Lecompasseur de Courtivron	214-239
Le Févre	211
Le Goux	222
Le Goux de La Berchère	211-213-232

	Pages.
Legouz	218-228-234-244
Legouz-Maillard	214-236
Legouz-Morin	224
Legouz de Saint-Seine	211-214-228-233 [236
Logrand	213-218-232
Le Maire	240
Lemulier	232-239
Lemulier de Bressey	238
Lenet	224-228-234-240
Le Roy	217
Letors de Thory	244
Leval de	216-222
Loisie des Clopets de	244
Loisier	242
Loppin de Gemeaux	220-244
Loppin de Montmort	214-226
Loppin de Preigney	220
Lorenchet de Melonde	227-244
Loysie de	219

M.

Macheco de	217-218-219-223-225-236 [244
Macheco de Premeaux de	217-220-243
Maillard	237-240
Maillard de	233
Maillerois de	227
Mailly de	215
Mairetet de Minot	240-243
Mairetet de Thorey	236-240-243
Maléchard	244
Malctête	233-237
Malctête de Villey	224
Malvin de Montuzet de	243
Marbeuf de	243
Margueron	244
Mussol	227-233
Maublanc de Martenet	224
May du	226
Mayneaud de Pancemont	212-221
Mayou d'Aunoy	229-244
Medula	218-224
Mérault	236
Mercier de Mercey	230
Micault de Courbeton	213-239
Migieu de	213-220-235-240
Millo	232
Millet	224
Milletot	232
Millière	221-225-228-234

	Pages.
Millotet	241
Moisson	219-222-229-240
Mongey de	224-234-238
Montbard de	230
Montherot de	228
Montholon de	212-213-216-222-241
Montiers de Mérinville des	242
Moreau de	212-221
Morin	221-225-226-228-240
Morisot	231
Mucie de	214-223-230
Mypont de	215

N.

	Pages.
Nadault	231-244
Nagu de Varennes de	215
Naymo de Cuiseaux	227
Nicolas	244
Nivelle de	242
Noblet	230
Normant	226-234
Normant du Monceau	239

O.

Ocquidem	223-225
Odebert	224-228-232

P.

Parisot de Crugey	241
Parisot de Sainte-Sabine	228-240
Pasquier de Villars	244
Passerat de La Chapelle	236
Patarin	211-212-218
Pelletier de Cléry	230-238
Pérard	213-229-230-231-240-244
Pérard de La Vuivre	233
Péricard	220
Pernot	242
Pernot d'Escrots	226
Perreney	237
Perreney d'Athézan	236
Perreney de Baleure	222
Perreney de Grosbois	214-227-238-240
Perret	232-239
Perrin de Corbeton	239
Perrin de Cypierre	229
Perrot	242
Petit	242
Péto	216

	Pages.
Picardet	240
Plaines de	212
Plessis de Richelieu du	242
Poillot	240
Poissonnier de Prusley	244
Poligny de	233
Poncet de La Rivière	243
Pontailler de	242
Popon	225
Port de Montplaisant du	212-233
Pot	215
Potet	231-232-236
Potots des	211-212-216-218
Poullier	222
Poulletier de Suzenet	228
Pourcher	239
Prévôt	216-242

Q.

Quarré	225-229-231-239-244
Quarré d'Aligny	241
Quarré de Dracy	216
Quarré d'Étroyes	236
Quarré de Givry	230
Quarré de Monay	225
Quarré de Quintin	240-241
Quarré du Plessis	244
Quirot de Poligny	226

R.

Ranfer de Bretenières	230
Raviet	222
Raviot	234-244
Recourt de	222-244
Regnault	244
Rémond	217-224
Rémond de Gand	225
Ricard de	239
Riccio	220
Richard	218-234-237
Richard d'Escrots	237
Richard de Montaugé	239
Richard de Ruffey	213-233-244
Rigolet	232
Rigoley	218-228-230-231-236
Rigoley de Chevigny	218
Rigoley d'Ogny	218
Rigolier de Parcey	231
Robelin	212-227-228
Robin d'Aspremont	238

	Pages.
Robineau	241
Rochefort de	214-216
Rolin	222
Rollet de La Tour des Prost	238
Rozerot	231

S.

Saint-Anthost de	216
Salins de	219-221
Saulnier	217
Saulx de	215
Saulx-Tavannes de	215
Saumaise	220-221-229
Sayve	212-215-219-222-233-234-240-241
Sennevoy de	215
Serre	242
Simon de Grandchamp	244
Souvert (de)	212-223-232
Suremain de Flamerans	232-233

T.

Tapin	221-232
Thésut de	219-226-227
Thierry	241
Thomas	218-223-224-226-240
Tisserand	217-221-229
Tixier	221
Tournon de	218
Trouvé	242

V.

Valon	217-226
Valon-Arviset	217-229
Varenne	220
Varenne de Longvoy	227-243
Vaudrey de	215
Vaussin de Corsain	242
Vaux de	232
Vedeau	237
Venot	232
Verchère	234
Verchère d'Arceau	226
Verchère d'Arcelot	212-226-230-237
Vers de	217
Vétus	224
Vezon de	219
Vienne de	215
Vienne de Beauffrémont de	215
Vienne de Commarin de	215
Vignier	234-235
Villedieu	229
Villedieu de Torcy	**229-238**
Villeneuve de	214
Villers de	230
Vincent de Montarcher	237
Vintemille de	216-221
Violet de La Faye	244
Virot	216
Vitte	237
Vogué de	242
Voisin	244
Vouty de La Tour	**233**
Vurry	220

X.

Xaintonge de	217-231-241

FIN DE LA TABLE DE L'ÉTAT GÉNÉRAL DU PARLEMENT.

TABLE DES MATIÈRES.

	Pages.
Préface	i
État du Parlement de Bourgogne en 1789	v
Chapitre Ier. Premiers Présidents	1
Chapitre II. Présidents à mortier	7
Chapitre III. Évêques de Dijon, conseillers-nés d'honneur au Parlement de Bourgogne	20
Chapitre IV. Conseillers d'honneur ecclésiastiques	26
Chapitre V. Abbés de Cîteaux, conseillers-nés au Parlement de Bourgogne	31
Chapitre VI. Chevaliers d'honneur, conseillers au Parlement de Bourgogne	32
Chapitre VII. Conseillers au Parlement	37
Chapitre VIII. Suppression du Parlement : installation d'une nouvelle magistrature	109
Chapitre IX. Rétablissement du Parlement ; suite de la biographie des conseillers	129
Chapitre X. Avocats-généraux	174
Chapitre XI. Procureurs-généraux	178
Chapitre XII. Abolition de l'ancienne magistrature ; réorganisation judiciaire en France	179
Pièces justificatives	181
Table alphabétique des noms cités dans l'Histoire du Parlement de 1733 a 1790	203
État général du Parlement de Bourgogne, selon l'ordre de la création et de la succession des charges	209
Table des noms cités dans l'état général du Parlement	245
Corrections	252

FIN DE LA TABLE DES MATIÈRES.

ADDITIONS ET CORRECTIONS.

Page   3, ligne 21 : franches, *lisez* françaises.
Id. 72, *id.*   4 : 1748, *lisez* 1749.
Id. 73, *id.*   7 : 12 janvier 1772, *lisez* 12 décembre 1771.
Id. 113, *id.* 35 : Richard puîné. Ce magistrat porta plus tard le nom de Richard de Montaugé ; c'est sous ce nom qu'il figure dans cet ouvrage, pages 84, 130 et 164.
Id. 132, *id.* 7 : Armes : *d'azur, au chevron*, etc. Dans l'intéressant ouvrage qu'il vient de faire paraître *Des libertés de la Bourgogne d'après les jetons de ses États*, M. Rossignol cite, page 298, le jeton d'Antoine de Lagoutte, abbé de Belleville, doyen de la cathédrale d'Autun, et élu du clergé aux états de Bourgogne en 1775. Il observe à ce sujet que l'écusson moderne de MM. de Lagoutte a été formé par l'adjonction des armoiries d'une famille à laquelle ils s'étaient alliés. Nous sommes heureux de rapporter ici ce fait, parce qu'il explique la bizarrerie de ce chevron, ondé seulement à dextre et accompagné de pièces toutes différentes les unes des autres.
Id. 161, *id.* 6 : M. de Saint-Trivier qui vit encore aujourd'hui. Ceci était à peine imprimé que M. de Saint-Trivier terminait à Lyon sa longue et honorable carrière, le 31 janvier 1851.
Id. 176, *id.* 4 : *Après ces mots :* La résignation de Nicolas Genreau, *ajoutez :* Les lettres de provisions de cette charge, contenant dispense d'âge, lui avaient été expédiées en 1755.
Id. 176, *id.* 17 : N... Poulet, veuve de N... Picardet, *lisez* Claudine Poulet, veuve de N... Picardet, membre de l'académie de Dijon, et ancien conseiller à la table de marbre de cette ville.
Id. 189, *id.* 34 : Richard puîné. Même observation qu'à la page 113.
Id. 218, *id.* 35 : du Gay, *lisez* du Guay.

FIN.

Claude ANDRÉ DE CHAMPCOUR, né à Somman, le 8 décembre 1731, de Mathurin-François André de Champcour, et de Louise-Catherine Leteiller, a été reçu, le 18 décembre 1780, conseiller commissaire aux requêtes du palais, en remplacement de Nicolas Perrin de Corbeton, démissionnaire.

Armes : *d'argent, au chevron de sable, chargé sur la pointe d'un croissant d'argent, et sur les flancs de deux étoiles de même.*

Germain-Henri DE LA GRANGE, né, le 17 octobre 1758, d'Henri de La Grange, seigneur d'Estivaux, conseiller maître en la cour des comptes de Dôle, et de Jeanne Germain. Il a été reçu, le 30 avril 1781, en l'office de conseiller laïque vacant par la mort de Pierre-Anthelme Passerat de La Chapelle.

M. de La Grange est mort au mois de janvier 1787.

Armes : *d'azur, au chevron d'or, accompagné en chef de deux étoiles d'argent, et en pointe d'une gerbe d'or.*

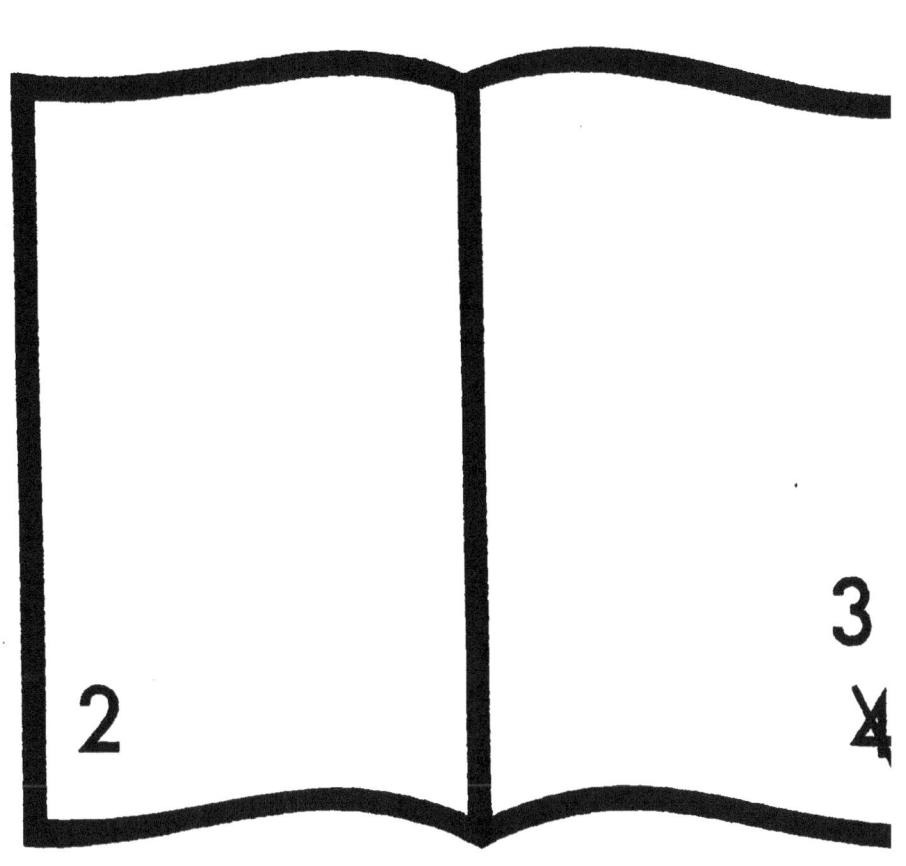

Pierre-Bénigne-Anne GUYARD de BALON, né, le 26 novembre 1760, de Claude-Bénigne Guyard, seigneur de Bâlon, et de Magdeleine-Dominique Lorenchet, a été reçu conseiller laïque, le 30 décembre 1781, avec dispense de parenté, à cause de Louis Lorenchet de Melonde, conseiller, son oncle, en remplacement de Jean Pérard, qui passa à une charge de président.

Il épousa, le 21 avril 1788, Marie-Émilie, fille de Pierre-Bernard Ranfer de Bretenières, conseiller maître en la cour des comptes de Dijon, et de Marie-Pétronille Baudot.

M. de Bâlon est mort le 18 décembre 1812.

Armes : *d'azur, à une croix d'argent bordée, endentée et terrassée de même, accompagnée à chacune de ses extrémités supérieures d'une étoile aussi d'argent.*

Supports : *deux aigles.*

Louis-Joseph POISSONNIER de PRUSLEY, né à Paris, le 31 décembre 1762, de Pierre-Isaac Poissonnier, seigneur de Prusley et Saint-Langis, conseiller d'État, professeur de médecine au collége royal de Paris, inspecteur des hôpitaux de la marine et des colonies, membre de l'académie des sciences de Paris, et de Marie-Catherine Martinon, veuve Caillet, qui fut nourrice du duc de Bourgogne, frère aîné de Louis XVI. Il a été reçu avocat-général au Parlement de Bourgogne, le 17 février 1783, sur la résignation de Louis-Bernard Guyton de Morveau.

Armes : *d'azur, à une sirène se peignant et se mirant d'argent, à la bordure endentée de gueules.*

CHAPITRE XI.

PROCUREURS-GÉNÉRAUX.

JEAN-CLAUDE **PERRENEY DE GROSBOIS**, seigneur de Grosbois, Vellemont, Vouges et Vallotte. Après avoir été reçu conseiller au Parlement, le 8 août 1739, il fut reçu de nouveau, le 16 mars 1750, procureur-général en survivance de Louis Quarré de Quintin ; mais il n'exerça jamais cet office.

Voir plus haut l'article qui le concerne, page 55.

BERNARD-ÉTIENNE **PÉRARD**, après avoir été reçu conseiller au Parlement de Bourgogne, le 18 juin 1751, fut reçu de nouveau procureur-général près le même Parlement, le 11 mars 1763, sur la résignation de Louis Quarré de Quintin.

Voir plus haut l'article qui le concerne, page

www.ingramcontent.com/pod-product-compliance
Lightning Source LLC
Chambersburg PA
CBHW050326170426
43200CB00009BA/1481